SPHINX

verschieden
gefangen
unaufrichtig
nicht wirklich nah
getrennt

Frau und Mann

Frau und Mann sind v e r s c h i e d e n , nur wenn sie ihre Verschiedenartigkeit erkennen, können sie sich verstehen und annehmen lernen.

Frau und Mann sind in ihrem klassischen Rollenverhalten g e f a n g e n , nur wenn sie sich dieser Rollen bewußt werden, können sie sie ablegen und so sein, wie sie wirklich sind.

Frau und Mann sind u n a u f r i c h t i g miteinander, nur wenn sie sich ehrlich begegnen lernen, können sie sich öffnen füreinander.

Frau und Mann kommen sich n i c h t wirklich n a h , nur wenn sie die Grenzen miteinander überwinden, können sie erkennen, wofür sie sich brauchen.

Frau und Mann sind g e t r e n n t , nur wenn sie sich lieben lernen, können sie ihre Gegensätze überwinden.

Nina Larisch-Haider

Frau-Sein

Der Weg zu einem neuen Verständnis

SPHINX

Die Deutsche Bibliothek – CIP Einheitsaufnahme
Larisch-Haider, Nina:
Frau-sein : Der Weg zu einem neuen Verständnis /
Nina Larisch-Haider. - Basel : Sphinx Verl., 1994
(Sphinx pocket ; 73)
ISBN 3-85914-373-5

Umschlagillustration: Christine Schmid Huguenin
Umschlaggestaltung: Charles Huguenin
Satz: Sphinx, Basel
Herstellung: Clausen & Bosse, Leck
Printed in Germany
ISBN 3-85914-373-5

Inhaltsverzeichnis

Liebe Leserin, lieber Leser,

ich freue mich sehr, daß Du dieses Buch in Händen hältst und herausfinden willst, was es heißt, eine Frau zu sein und wenn Du ein Mann bist, daß Du die Frauen, oder Deine weibliche Seite besser verstehen willst.

Viele Frauen scheitern in ihrem Leben, weil sie nicht wissen, was eine Frau ausmacht und glauben, wie ein Mann sein zu müssen, um das Leben meistern zu können, oder erfolgreich zu sein. Dadurch verschließen sie sich häufig ihren weiblichen Qualitäten und tun sie als Schwäche ab.

Wenn ich in diesem Buch immer wieder «die Frau» beschreibe und damit auch den weiblichen Teil in einem Mann, und «den Mann», dann schildere ich die Frau und den Mann in Reinform. Natürlich gibt es kaum jemanden, der diese reine Form des Frau-Seins oder des Mann-Seins lebt, vielmehr gibt es unendlich viele Mischformen. Jede Frau und jeder Mann haben andere Bedingungen in ihrer Kindheit vorgefunden und andere Herausforderungen oder Umstände in ihrem Leben zu bewältigen gehabt, ganz abgesehen von den unterschiedlichen Neigungen einer Frau oder eines Mannes, bestimmte Eigenarten bevorzugt zu leben. Ich bitte Dich, das zu beachten und appeliere gleichzeitig an Dich, Dich nicht an dieser Verallgemeinerung zu stören.

Ich habe mich jahrelang mit dem Thema Frau und Mann beschäftigt und habe herausgefunden, daß es fast durchgängige Eigenheiten, Unterschiede und Merkmale bei Frauen und Männern gibt. Statt daß Du diese Eigenheiten für Dich verneinst, empfehle ich Dir, sie zu entdecken und Dir bewußt zu machen, wo Du sie lebst und wo

Du sie bei Dir finden kannst. Ein gängiges, zum größten Teil unbewußtes Muster ist z. B., daß sich eine Frau einem Mann unterlegen fühlt. Das wird möglicherweise bei Dir in der Weise sichtbar, daß Dueine sehr selbständige und unabhängige Person bist, Dich aber z. B. Deinem Chef unterlegen fühlst.

Mich hat das Thema Frau-Sein jahrelang regelrecht geplagt. Plötzlich, so erschien es mir, war aus mir Teenager dem Alter nach eine Frau geworden und ich war ratlos: daß ich Brüste hatte und daß mein Körper bereit war, Kinder zu kriegen, konnte doch nicht der einzige Ausdruck meines Frau-Seins sein. In meiner Umgebung fand ich keine Frau, die mir ein Vorbild hätte sein können: die einen auf der ständigen Suche nach einem Mann, die anderen voll auf ihr Äußeres fixiert, andere dahinwelkend neben einem Mann, meistens auch noch ohne jedes Eigenleben, wieder andere damit beschäftigt, möglichst viel zu studieren, um in der Männerwelt anerkannt zu werden. Ich war mir sicher, daß ich diese Wege nicht beschreiten wollte. Aber was dann?

Eines war mir von Anfang an klar, daß jeder Weg, den ich gehe, jede Beziehung die ich eingehe, auch arbeitsmäßig, mich als ganze Person zulassen muß. Deswegen waren meine Begegnungen mit Männern meistens sehr kurz, weil kaum einer vertragen konnte, was ich zu sagen hatte, was mich bewegte. Ich sollte nett sein, anschmiegsam, sexy – weiblich wie sie sagten, aber sonst nichts. Aber auch durch die Männer wurde mir nur ansatzweise klar, was mich als Frau ausmacht, ich entdeckte z. B., daß ich mehr fühle als die meisten Männer, daß ich viel sanfter und zarter sein konnte.

Viel zu früh bekam ich mein erstes Kind, noch nicht reif

für diese Erfahrung, noch viel zu rastlos und neugierig auf das Leben, und dennoch kam ich mehr in Kontakt mit meiner weiblichen Energie. Ich erlebte mich sehr rund und hingebungsvoll als Mutter. Zusätzlich verunsicherte mich, daß ich immer das Prädikat männlich bekam. Gleichzeitig wurde mir dadurch bewußt, daß ich scheinbar beides – Weibliches und Männliches – in mir habe.

Ich begann neugierig auf mich als Frau zu werden. Meine Suche hat Jahre gedauert und ich bin bei mir als Frau – mit einem männlichen Seelenaspekt – angekommen. Ich habe das Weibliche und das Männliche in mir entfaltet und ich habe beide Kräfte inzwischen voll zur Verfügung. Gleichzeitig habe ich gelernt, zu mir als Frau zu stehen – ich will nicht mehr sein wie ein Mann. Wenn ich zum Beispiel Vorträge halte, will ich meine Zuhörer in erster Linie nicht mehr – wie ein Mann – mit meiner Intelligenz bestechen, sondern ich will durch meine Lebendigkeit und Herzlichkeit ihr Leben hervorlocken: Sie fangen an zu lachen, sich zu freuen, sich vielleicht sogar zu ärgern... und in diesem Dialog kommen wir uns näher.

Genauso unsicher war ich mir darüber, was einen Mann wirklich ausmacht, obwohl es mir sehr leicht fiel, Männer zu verstehen. Auch das begann mich zu interessieren. Erst als ich auch das herausgefunden hatte, konnte ich meinen Mann als Mann begreifen lernen. Es fällt mir nach wie vor nicht immer leicht, mit unseren Unterschieden umzugehen, vor allen Dingen wenn sich mein Mann wieder einmal lange Zeit im Tun verstrickt und das Mitmenschliche mit mir und den Kindern an den Rand stellt. Ansonsten genieße ich unsere unterschiedlichen Standpunkte und freue mich, daß ich durch ihn mehr sehe und verstehe.

Ich wünsche Dir, daß Du Deinen Ort, an dem Du als

Frau stehst, begreifst und ihn auch annimmst als den Ort, von dem aus Deine Reise in etwas Neues losgehen kann.

Du kannst herausfinden, in was alles Du Dich erfahren kannst und welche Aufgaben auf Dich warten. Ebenso wichtig kann es für Dich sein, Dir klar zu machen, was Dich von einem Mann unterscheidet und wie Du mit diesen Unterschieden umgehen kannst.

Nimm nichts, was Du liest, als Rechtfertigung für Dich, um an irgendeinem Ort stehenzubleiben. Du hast die Wahl, jederzeit das in deinem Leben zu kreieren, was Du möchtest.

Wichtig ist dabei, daß Du zwischen dem antrainierten Frauenbild und dem, was Dich als Frau wirklich ausmacht, unterscheiden lernst. Entdecke Deine Möglichkeiten als Frau und finde heraus, was Du in Dir zur Entfaltung bringen kannst.

Du bist der Anfang von allem. Wenn Du Dich verstehen lernst, wirst Du auch andere verstehen, wenn Du Dich in deinem Sein zuläßt, wirst Du auch andere zulassen können, wenn Du Dich liebst, wirst Du auch andere lieben können.

Laß uns gemeinsam daran arbeiten, daß wir Menschen mehr zusammenfinden und daß dieser Planet ein Ort der Liebe wird.

Herzlich

Vorwort von Peter Larisch

Die meiste Zeit meines Lebens hatte ich ein sehr gespaltenes Verhältnis zu Frauen: Zum Einen fühlte ich mich auf meiner Suche nach Körperlichkeit und Geborgenheit sehr zu ihnen hingezogen, zum anderen kamen sie mir vor wie Wesen vom anderen Stern: Frauen sind so empfindlich, immer gleich so emotional, sie können nicht so richtig denken (zumindest nicht so sachlich und logisch wie wir Männer), sie sind so bedürftig und wollen so viel reden. Ich weiß bis heute nicht, ob Frauen viel stärker oder viel schwächer wie wir Männer sind. Wahrscheinlich stimmt beides.

Tatsache ist, daß ich mit «meinen» Frauen fast immer Probleme hatte: Zuerst war da meine Mutter, deren wortlose Wünsche nach Nähe von mir fast immer unerhört blieben, ich hatte Angst, einmal in ihren Fängen, nie wieder loszukommen.

Dadurch, daß ich mich von meiner Mutter abgewandt habe, waren meine Probleme mit Frauen jedoch nicht gelöst: Als in mir der Wunsch nach Sexualität aufkeimte und ich auf die Suche nach hierfür geeigneten Partnerinnen ging, war ich mit der weiblichen Andersartigkeit und meinem fehlenden Verständnis hierfür wieder voll konfrontiert. Das ließ viele Beziehungen jäh enden, andere gar nicht richtig anfangen, und zurüch blieben meistens zwei noch etwas enttäuschtere Menschen.

So wurde mir eigentlich erst in der Beziehung zu meiner Frau klar, daß es da für mich etwas zu lernen gibt, daß Frauen nicht nur dümmer, sondern auch klüger sind wie Männer, gerade im heute so wichtigen zwischenmenschlichen Bereich: Wenn ich staunend zusehen muß, wie meine Frau in einer Gruppe völlig verschiedener Menschen innerhalb weniger Stunden ein Klima von Nähe und Offenheit schafft und die vorhandenen Probleme präzise und schnell auf den Punkt bringt, ist es mir ein Vergnügen, ihr am nächsten Tag über die Fallstricke und Fußangeln ihres Schreibcomputers zu helfen. Und oft stehe ich auch heute noch fassungslos oder sogar wütend vor ihr, weil ich sie immer noch nicht verstehe. Die Momente, in denen ich dann doch zugänglich für ihren weiblichen Standpunkt bin, sind oft sehr bereichernd und bringen mich weiter. Andererseits sehe ich auch, wie sie meine männliche Struktur und meinen Hang zur Abgrenzung braucht, um sich das Leben leichter zu machen.

Es geht also beileibe nicht darum, daß sich Männer und Frauen einander angleichen und ihre Unterschiede negieren, sondern darum, daß wir uns unserer typisch männlichen und weiblichen Eigenheiten und Stärken bewußt werden und sie leben, und vom anderen Geschlecht lernen. Und dazu muß man erst mal begreifen, was beispielsweise eine Frau alles ausmacht. Nina bietet mit ihrem Buch hierfür eine anregende und weiterführende Unterstützung.

Peter Larisch

Mein Standort, von dem aus ich dieses Buch geschrieben habe:

Das ganze Universum ist eine große Schule, in der es darum geht, daß sich jedes Lebewesen, wozu auch die Planeten und Sterne gehören, allein und gemeinsam mit den anderen «Mitschülern» in einem fortlaufenden Prozeß erfährt und sich mehr Bewußtsein = mehr Licht erarbeitet, mit dem Endziel, eines Tages im Zustand der Liebe zu sein.

In diesem Lernprozeß ist jedes Lebewesen gleichzeitig eine Lernaufgabe für alle anderen.

Hier auf unserem Planeten Erde können wir Menschen uns gemeinsam mit den Tieren, den Pflanzen, den Steinen, den Bakterien, den Viren, anderen Kleinlebewesen und dem Planeten Erde selbst erfahren.

Wir Menschen sind nicht die Herrscher dieser Erde, auch wenn wir uns dazu gemacht haben.

Da wir jedoch inzwischen über alle anderen Lebewesen auf diesem Planeten dominieren, ist es unsere Aufgabe, die Lebensräume für alle anderen Gattungen zu erhalten und zu schützen; das hieße, daß wir nicht nur an unseren persönlichen Interessen orientiert bleiben.

Auf unserem Planeten herrscht eine bestimmte Erfahrungsebene, nämlich

die Freiheit des Seins

das heißt, wir haben hier die Freiheit, uns in allem zu erfahren, was wir selber für richtig halten.

Es liegt daher an jedem einzelnen, was er in seinem jeweiligen Leben erfahren und erleben will. Um seine Erfahrungen frei wählen zu können, hat jeder Mensch die Möglichkeit des freien Willens in sich.

Das ganze Universum ist verbunden durch die Kraft der Liebe.

Um als Mensch diese Verbundenheit erleben zu können, ist es notwendig, ein liebender Mensch zu werden.

Diesen Zustand der Liebe erreicht ein Mensch durch einen individuellen Wachstumsprozeß, in dem er sich Schritt für Schritt öffnet und alles aus dem Weg räumt, was seiner Liebe zu sich selbst und den anderen Lebewesen im Wege steht. Er braucht dabei die Bereitschaft, alles zu lieben, was ihm begegnet, einschließlich sich selbst.

Intensive Beziehungen jeder Art, ganz besonders jedoch Partnerschaften zwischen Frau und Mann, sind wertvolle und wichtige Lernangebote, die unser eigenes Wachstum erheblich beschleunigen können. Gerade in einer Frau-Mann-Beziehung, in der wir dem anderen durch die Sexualität ganz nahe kommen, haben wir die Chance, uns deutlicher zu sehen und über unsere Grenzen hinauszuwachsen. Das verlangt jedoch von beiden ein hohes Maß an Offenheit und Ehrlichkeit.

Frau-Sein

Das Frau-Sein ist die Erfahrung eines Menschen in einem ausgewachsenen weiblichen Körper.

Wenn Du als Seele auf die Erde kommst, hast Du die Wahl, ob Du Dein Erdenleben als Frau oder als Mann verbringen willst. Für einen dieser Standpunkte – weiblich oder männlich – mußt Du Dich entscheiden, eine andere Wahl hast Du nicht.

Wenn Du eine Frau bist, ist das Frau-Sein die Erfahrungsebene, die deine Seele für dieses Leben gewählt hat. Damit ist deine Erfahrung in gewisser Weise auch begrenzt, Du wirst z. B. nie ein Kind zeugen können und die Gefühle haben können, die damit einhergehen.

Gleichzeitig ist in Dir auch eine männliche Seite angelegt, was zur Folge hat, daß Du sowohl die männliche Energie als auch die männlichen Qualitäten in Dir zur Entfaltung bringen kannst. Für Deinen Reifeprozeß ist das unbedingt notwendig, aber auch um deine Weiblichkeit voll entfalten zu können. Nur deine männliche Seite wird immer anders zum Ausdruck kommen als bei einem Mann, weil Du einen weiblichen Körper hast.

Für die Erfahrung des Frau-Seins hast Du eine bestimmte Energie und verschiedene Anlagen als Unterstützung mitbekommen, sowie bestimmte Rollenmöglichkeiten, z. B. Ehefrau, Mutter, Schwester, Tante.

Deine Rolle als Frau ist gesellschaftlich, häufig auch familiär definiert, daraus resultierend gibt es bestimmte Rollenerwartungen an Dich, daß Du z. B. immer für andere da bist, oder nicht studierst, oder sobald wie möglich heiratest und Kinder bekommst.

Alle anderen Rollen kannst Du nach Deinen Vorlieben

wählen und leben. Du kannst sogar in Männerrollen schlüpfen, wie Maurer, Schreiner usw.

Wenn deine Seele eine größere Herausforderung gesucht hat, ist es möglich, daß Du mit einem männlichen Seelenaspekt hier bist. Das heißt: deine Seele hat sich in einen weiblichen und männlichen Aspekt aufgeteilt, um sich in zwei Körpern unterschiedlich zu erfahren. Damit hättest Du das Wesen eines Mannes, aber den Körper einer Frau. Wenn das bei Dir der Fall ist, fühlst Du Dich bestimmt gleich angesprochen. Vielleicht kannst Du Dich daran erinnern, daß Du schon als Kind ein starke innere Spannung erlebt hast, weil Du Dich nicht eindeutig als Mädchen oder Junge zuordnen konntest. Vielleicht hattest Du mehr Spaß mit Autos zu spielen, oder auf Bäume zu klettern, mit Buben zu raufen usw., aber eigentlich durftest Du nicht so sein, und deine Familie hat Dir vielleicht gesagt, daß sich ein Mädchen nicht so benimmt. Oder Du merkst es heute daran, daß Du mit Männern auf einer kameradschaftlichen Ebene außerordentlich gut klar kommst, aber Du Schwierigkeiten hast, weil sie Dich nicht sexy finden. Vielleicht siehst Du sogar männlich aus – auch das ist möglich.

Am Anfang ist es schwierig mit diesen inneren Spannungen, eine Frau zu sein, aber dennoch eher männlich zu sein, umzugehen. Letzten Endes liegt ein großes Potential darin, daß Du das Weibliche und das Männliche in Dir verstärkt zur Verfügung hast. Dadurch kannst Du viel leichter eine Synthese zwischen beiden Kräften finden.

Eine andere Variante wäre, daß Du für deine Erdenerfahrung ein männliches Gehirn gewählt hast, obwohl Du einen weiblichen Körper hast. Inzwischen hat man wissenschaftlich nachgewiesen, daß es nicht nur weibliche und männliche Gehirne und bestimmte Mischformen gibt, sondern auch, daß z. B. ein männliches Gehirn in einem weiblichen Körper sein kann. Das passiert dadurch, daß ein Fötus in einer bestimmten Zeit männlichen Hormonen ausgesetzt war, so daß das ursprünglich weibliche Gehirn in ein männliches Gehirn umstrukturiert wurde. Wenn das bei Dir der Fall ist, hättest Du möglicherweise eine Neigung, analytisch und räumlich zu denken, oder die männliche Art, Erfahrungen zu machen, indem Du selber alles ausprobieren mußt.

Der weibliche Körper
die weibliche Energie
das weibliche Sehen
die weiblichen Qualitäten
ergeben zusammen die WEIBLICHKEIT

wie man die Weiblichkeit
sowohl für sich als auch nach
außen einsetzt und auslebt
ergibt die WEIBLICHE KRAFT

Die Stärke Deiner Weiblichkeit und Deiner weiblichen Kraft und wie Du sie zum Ausdruck bringst, bestimmst ausschließlich Du allein. Deine weibliche Kraft wird sogar zunehmen, je mehr Du Deine männliche Seite entwickelst und Du wirst Dich vollständiger fühlen.

Das weibliche und männliche Prinzip, Yin und Yang, wie es im Fernen Ostern heißt, ist ein Grundprinzip in diesem Universum, und es sagt aus, wie etwas wirkt.

Alles läßt sich in weiblich oder männlich einordnen: sowohl unsere körperlichen Vorgänge, unsere Organe, unsere Nahrungsmittel unterliegen diesem Prinzip. Auch Pflanzen, Tiere, Steine, Planeten sind entweder weiblich oder männlich.

Jede dieser Kräfte, ob weiblich oder männlich, kann ohne die andere nicht existieren. Jede für sich und beide zusammen haben eine wichtige gestaltende Funktion.

Beide Kräfte müssen immer ausgewogen, in Harmonie sein. Wenn diese Kräfte bei einem Menschen nicht im Gleichgewicht sind, weil er eine der beiden Kräfte unterdrückt, kann es zu Störungen auf der körperlichen Ebene kommen – z. B. zu Unterleibsbeschwerden, wenn eine Frau ihre weibliche Seite nicht lebt – oder auf der Verhaltensebene, wenn die Frau auf Grund der fehlenden männlichen Qualitäten sich alles gefallen läßt und sich nicht wehrt.

Die Entwicklung des Weiblichen in der Frau

Hinwendung
Abwendung

Bei der Zeugung eines Kindes verbinden sich das Weibliche – die weibliche Energie – in Form des weiblichen Eis und das Männliche – die männliche Energie – in Form des männlichen Samens, um in einem Verschmelzungsprozeß ein neues Leben, ein Kind entstehen zu lassen.

Ob es ein weiblicher oder männlicher Körper sein wird, entscheidet die Seele des Kindes.

Fällt die Entscheidung für das weibliche Geschlecht, entsteht innerhalb von 9 Monaten ein weibliches Gefäß – der Körper –, das latent beide Energien, männliche und weibliche, als Anlage in sich trägt, aber in dem eines Tages die weibliche Energie dominieren wird. Durch die Wahl des weiblichen Geschlechts ist gleichzeitig die Entscheidung gefallen, den Entwicklungsprozeß auf dieser Erde als Frau machen zu wollen.

Das weibliche Embryo wächst in der Mutter und geht mit ihr eine Symbiose ein, in der es sich als eins mit ihr wahrnimmt.

Erst etwa ab dem 3. Monat nach der Geburt, wenn sich ihr Ich-Bewußtsein langsam zu entwickeln beginnt, fängt das Mädchen an, sich als ein getrenntes Wesen wahrzunehmen. Dieser Vorgang geht sehr viel schneller, wenn das Kind in irgendeiner Weise Mangel erleidet und dadurch mehr auf sich selbst gestellt ist, z. B. nicht genügend Aufmerksamkeit oder Halt erfährt. Das Kind begreift in diesem Fall sehr viel früher, daß es nicht seine Mutter ist.

Sobald sich das Mädchen getrennt von seiner Mutter wahrnimmt, spürt es an seiner Energie und an seinem Körper, daß es wie seine Mutter ist und macht damit die weibliche Ur-Erfahrung:

Ich und Du = wir

Das Mädchen beginnt, sich auf einer sehr tiefen Ebene mit seiner Mutter zu identifizieren: «Ich bin so wie Du», und in der Steigerung, «Ich bin Du», und ist dadurch bereit, sich der Mutter ganz hinzugeben und lernt dabei Zusammenhalt, Gleichheit und Zugehörigkeit.

Auf diese Weise hat das Mädchen, im Gegensatz zum Jungen, von Anfang an in seiner engsten Bezugsperson ein Leitbild, dem es nacheifern kann.

Sie ahmt die Mutter nach, übt so zu reden, sich so auszudrücken, so zu sein wie die Mutter und erlebt gleichzeitig in dieser Beziehung wirkliche Nähe und Erfüllung, außer die Mutter ist unfähig, mit dem Kind eine wirkliche innere Bindung einzugehen oder das Kind von Anfang an ablehnt.

In dieser energetischen Einheit Frau – Frau entfaltet das Mädchen mehr und mehr DIE WEIBLICHE ENERGIE und lernt dabei das Umschließende, das Runde, das Annehmende: alles Elemente der weiblichen Energie.

Das weibliche Gefäß, der weibliche Körper, füllt sich mehr und mehr mit weiblicher Energie.

Gleichzeitig kommt das Mädchen durch die Mutter in Kontakt mit ihrer weiblichen Anlage, sich am Menschlichen und Mitmenschlichen zu orientieren. Diese Anlage verstärkt sich in ihr, indem sie mitbekommt, wie kontaktfreudig ihre Mutter ist, was die meisten Mütter sind, und durch den gemeinsamen Austausch.

Wenn sich das Mädchen mit seiner Mutter gut versteht, bleibt es meistens in dieser Einheit mit ihr bis in die Pubertät hinein.

Treten jedoch Schwierigkeiten in der Beziehung zur Mutter auf, z. B. daß die Mutter das Kind lieblos behandelt oder das Kind seine Mutter nicht annehmen will, erleidet die Identifikation mit der Mutter schon sehr bald Schiffbruch und das Mädchen beginnt, mit der Mutter zu kämpfen oder sich von ihr abzuwenden. Das Mädchen wendet sich damit in einer Zeit dem Männlichen zu, wo sein weiblicher Anteil noch nicht vollständig entfaltet ist, mit dem Ergebnis, daß ihr das Weibliche zum Teil verloren geht und sie ihre männliche Seite früher entwickelt und später stärker lebt.

Die Hinwendung zum Männlichen

zielstrebig
gerichtet
geordnet
kraftvoll
gestaltend
verantwortlich sein
sich durchsetzen

Die Entwicklung der weiblichen Energie reicht für den Wachstums- und Reifeprozeß eines Mädchens zur Frau nicht aus. Denn ein Mensch ist erst dann erwachsen, wenn er beide Energien, die weibliche und männliche, in sich entwickelt hat und sie sich gegenseitig durchdringen dürfen.

Daher ist es für die heranwachsende Frau genauso wichtig, ihre männliche Energie, die ja als Anlage in ihr schlummert, zu entwickeln.

Das Mädchen beginnt seine männliche Energie ab dem Zeitpunkt zu entwickeln, wenn es anfängt, etwas anderes zu wollen, als seine Mutter, wenn sie andere Meinungen zum Ausdruck bringt, der Mutter widerspricht, andere Dinge tun will, als ihre Mutter für sie vorgesehen hat, oder die Mutter kritisiert und so Konflikte mit der Mutter entstehen. Das Mädchen trennt sich dabei innerlich von seiner Mutter und probiert eigene Richtungen aus.

Und indem sie mit der Mutter streitet, sich durchsetzt, sich wehrt, auf ihren Meinungen und ihrem Weg beharrt, erarbeitet sie sich die für sie ebenso wichtige männliche Energie und damit Stärke und ein Stück Struktur, die sie für ihren Reifeprozeß braucht.

Sie macht damit den gleichen Prozeß durch wie der Junge, nur etliche Jahre später – und nachdem sie die Geborgenheit und Nähe mit ihrer Mutter voll ausgekostet hat, ist sie dadurch für diesen Kampf innerlich viel stabiler.

Es liegt sowohl in der Hand der Mutter, wieviel Abgrenzung sie zuläßt, als auch in den Händen des Mädchens, wieviel Konfliktwille und Kampfgeist sie leben will.

Sehr abträglich ist in diesem Prozeß, wenn das Mädchen von der Mutter nicht gelernt hat, aggressiv oder wütend zu sein, zu streiten und Konflikte auszutragen, und stattdessen gelernt hat zu schlucken, sich zu verstecken und Konflikte um jeden Preis zu vermeiden. Diesem Mädchen fehlt dann der Mut, Konflikte mit seiner Mutter auszutragen und sich gegen die Mutter durchzusetzen. Damit wird ihr die Möglichkeit, die männliche Energie zu entwickeln, erschwert.

Eine andere Schwierigkeit besteht darin, daß viele Mütter diesen wichtigen und notwendigen Prozeß nicht verstehen. Sie nehmen die Reaktionen und das Verhalten ihrer Tochter sehr persönlich, als gegen sich gerichtet und interpretieren deren ganzes Verhalten in diese Richtung. Bei jeder Abgrenzung, in jedem Nein, hört dann die Mutter ein Nein zu sich selbst. Oder sie meint, daß sie etwas falsch gemacht hat, und fühlt sich wertlos und immer wieder aufs Neue durch das Verhalten ihrer Tochter verletzt.

Die Folge davon ist, daß manche Mütter mit ihrer Tochter einen Machtkampf beginnen oder sich – häufig als Strafe – von ihr abwenden. Andere Mütter spielen ihre ganze Macht aus, um das Trennungsverlangen ihrer Tochter zu untergraben oder gar zum Schweigen zu bringen.

Doch je mehr sich die Mutter in den Prozeß ihrer Tochter einmischt, um so mehr verschließt sich das Mädchen oder der Teenager und wendet sich häufig ganz von seiner Mutter ab. Denn das Mädchen braucht diesen Prozeß, um ihre männliche Energie zu finden und zu entfalten.

Dieser Ablösungsprozeß ist jedoch nicht durchgängig. Er kommt in immer wieder neuen Schüben, kann einige Jahre dauern und ist für Mutter und Tochter häufig sehr schmerzhaft.

Bleibt das Mädchen jedoch seiner Mutter verhaftet, sei es, daß sie sich nicht traut, sich mit der Mutter zu reiben oder sich innerlich von ihr zu lösen, oder die Mutter die Ablösung nicht zuläßt, kann das Mädchen ihre männlichen Werkzeuge nicht entwickeln und schafft es nicht, wirklich zu reifen und erwachsen zu werden.

Auch wenn es die Mutter aufgrund ihres eigenen mangelnden Selbstwertgefühls oder des fehlenden Verständnisses nicht schafft, ihre Tochter loszulassen, und wie oben beschrieben reagiert, trennen sich beide innerlich früher oder später häufig für immer. Viele Mädchen haben in diesem Sinne meist ab der Pubertät keine Mutter mehr und beginnen ihre Wünsche nach Nähe und Geborgenheit auf einen Jungen/Mann zu richten, von dem sie aber noch nicht wissen, daß er aufgrund seiner Geschichte mit seiner Mutter meistens diese erträumte Nähe und Geborgenheit nicht geben kann.

Versteht jedoch die Mutter diesen Vorgang und akzeptiert ihn, ohne sich persönlich angegriffen zu fühlen oder sich einzumischen und entwickelt echte Toleranz für das Bedürfnis nach Selbständigkeit und Andersartigkeit, bleiben die Zuneigung und die innere Verbindung zwischen ihnen erhalten. Beide haben dann die Chance, ihre Mutter-Kind-Beziehung in eine Freundschaft zu verwandeln.

Sehr hilfreich und wichtig für die Entwicklung der männlichen Energie sind auch die Konflikte mit dem Vater, besonders dann, wenn die Mutter für diesen Prozeß nicht zur Verfügung steht. Mögliche Konflikte mit dem Vater sind: Das Mädchen fühlt sich von seinem Vater vernachlässigt oder abgelehnt oder rebelliert gegen die Grenzen, die er ihr setzt, oder sie kann ihren Vater aufgrund von bestimmten Eigenschaften oder Verhaltensweisen nicht akzeptieren.

Mädchen, die das nicht erleben können, sei es, daß kein Vater vorhanden ist oder der Vater die Konflikte nicht zuläßt, sind sehr viel schwächer, da ihnen ein wichtiger Konfliktpartner fehlt.

Außerdem lernt das Mädchen nicht, mit dem Männlichen, wenn es ihm von außen in der Gestalt eines Mannes begegnet, umzugehen. Es hat nicht genügend Gelegenheit, die Beziehung zu einem Mann zu üben, und hat dadurch größere Schwierigkeiten, diese Energie in der Welt zu verstehen.

Die meisten Frauen sind in der Identifikations-Phase mit ihrer Mutter steckengeblieben, haben die Ablösung von ihrer Mutter und dadurch die Entwicklung ihrer männlichen Energie nicht geschafft und sind dadurch kleine, eher schwache Mädchen geblieben.

Weil ihnen ihre eigene männliche Energie gänzlich fehlt, sind sie meist besonders intensiv auf der Suche nach einem Mann und suchen damit, ohne es zu wissen, das Männliche in sich selbst.

Manche Frauen, die ihre Männlichkeit nicht entwickelt haben, suchen sich unbewußt Situationen, in denen sie unterdrückt werden – sei es durch einen Mann als Partner oder eine Arbeitssituation – um in der Befreiung von dieser Unterdrückung nachträglich das Männliche in sich zu entwickeln.

Andere Frauen, die sich als Mädchen zu früh dem Männlichen zugewandt haben, konnten ihre weibliche Seite nicht vollständig entwickeln. Das hat zur Folge, daß sie ihre weiblichen Qualitäten nicht entfaltet haben und die Männer nachahmen. So eine Frau wirkt häufig wie ein Mann. Diese Frauen ziehen dann im Gegensatz zu den «Weibchen» eher «weibliche» Männer an, die wiederum ihre männliche Seite nicht ausreichend entwickelt haben und dadurch der Frau kein wirkliches Gegenüber sind.

Grundsätzlich gibt es jedoch nur wenige Frauen, die die weibliche und männliche Kraft im gleichen Maße in sich entwickelt und vereinigt haben und diese Kräfte auch leben. Daher gibt es auch so wenig erwachsene, reife Frauen, was natürlich auch dadurch bedingt ist, daß den meisten Männern ein kleines Mädchen lieber ist als eine erwachsene Frau. Außerdem fühlen sie sich von einem kleinen Mädchen weniger bedroht.

DIE FRAU ENTWICKELT IHRE WEIBLICHE KRAFT IN DER HINWENDUNG ZUR MUTTER

UND IHRE MÄNNLICHE KRAFT IN DER ABWENDUNG VON DER MUTTER.

Im Grunde genommen sind Mutter und Vater dafür da, daß ihre Tochter den Ausdruck der weiblichen und männlichen Energie durch sie kennenlernt und das Zusammenspiel dieser beiden Kräfte erfährt und begreift, um sie auch in sich zu entfalten. Das setzt jedoch voraus, daß die Mutter ihre Weiblichkeit lebt und der Vater seine Männlichkeit. Anfangs braucht das Mädchen ein Klima von wirklicher Geborgenheit und Wärme und eine starke Verbindung zu ihrer Mutter, später den Freiraum, sich zu leben* und sich sowohl mit der Mutter als auch mit dem Vater streiten und auseinandersetzen zu dürfen, ohne auf den Kontakt mit ihren Eltern verzichten zu müssen oder ihre Zuwendung zu verlieren. Es braucht die Freiheit, eigene Meinungen und eigene Ideen zu haben, eigene Richtungen auszuprobieren, eigene Ziele zu verfolgen, und doch dabei mit den Eltern verbunden zu bleiben.

* Sich leben: Seinen Gefühlen uneingeschränkt Ausdruck geben, Impulse ausleben, sich seine Wünsche erfüllen.

Wenn sie diese Möglichkeiten hat, kann sie eines Tages ihr Elternhaus als erwachsene Person verlassen. Wenn das der Fall ist, fällt es den Eltern bestimmt auch leichter, ihr «ehemaliges» Kind in das Leben ohne ihren Schutz zu entlassen.

●

— *Wie war Deine Entwicklung mit Deiner Mutter/ Deinem Vater?*
— *Wo wurde Deine Entwicklung unterbrochen, aufgehalten, nicht zugelassen?*

Das Besondere einer Frau – was macht eine Frau aus?

1. Die weibliche Energie – ein Fächer

Gleichförmigkeit
Ungerichtetheit
Ausdauer

Die Energie einer Frau ist gleichförmiger als die eines Mannes und ungerichtet. Sie hat kleinere Höhen, kleinere Tiefen und keine so großen Spannungsunterschiede. Dadurch verbraucht sich ihre Energie nicht so schnell und kann auch über einen längeren Zeitraum gleich stark bleiben.

Durch diese gleichmäßige Energie hat die Frau meist sehr viel mehr Ausdauer als der Mann und schafft es z. B. leichter, von früh bis spät aktiv zu sein. Umgekehrt kann sie nicht wie der Mann extreme Kraftanstrengungen vollbringen.

Ihre Energie ist schnell und beweglich. Dadurch wirkt eine Frau meist in alle Richtungen und ist immer mit allem beschäftigt, was sie umgibt, es fällt ihr dabei sehr viel schwerer als dem Mann, sich nur auf eine Sache zu konzentrieren. Da ihrer Energie die Ordnung und Richtung fehlt, ist sie häufig sehr sprunghaft. Diese Sprunghaftigkeit ist jedoch bei den meisten Frauen nicht willkürlich, sondern abhängig von dem, was um sie herum passiert.

Da die Energie einer Frau feiner als die des Mannes ist, ist sie offener für Eindrücke von außen, wie z. B. Gerüche, Töne, Farben. Die Frau ist

empfangender und empfindender.

Man kann die Energie einer Frau auch mit einer hüllenlosen Glühlampe vergleichen, die mitten im Raum hängt und dadurch alles in jede Richtung beleuchtet. Dadurch ist die Frau ständig mit allem konfrontiert, was sie umgibt und steht immer mitten im Leben.

Die Energie einer Frau ist auch mit einem Fluß vergleichbar, der alles in sich aufnimmt und es umschließt. Die Energie ist dabei hingebungsvoll und vereinigend.

Insgesamt wirkt die Energie einer Frau rund.

•

— *Kennst Du diese Energie an Dir?*
— *Wie stehst Du zu der beschriebenen Energie?*
— *Welche Filme schaust Du Dir am liebsten an? Was tust Du am liebsten? Welche Energien begegnen Dir bei diesen Tätigkeiten am häufigsten?*

2. Der weibliche Körper in seinen Auswirkungen auf das Denken und Fühlen

Fühlen
Bewegung
Anmut

Frau und Mann haben Gefäße (Körper) mit einer unterschiedlichen Dichte und Bauweise. Die Beschaffenheit dieser Gefäße hat auf alles Einfluß, was die Frau oder den Mann ausmacht. Nicht nur ihre Energie wird dadurch bestimmt, sondern auch ihre Gefühle, ihr Denken, ihr Sehen der Welt, einfach weil wir Menschen uns über den Körper erfahren.

Gleichzeitig kann man das Energiekonzept einer Frau oder eines Mannes in jedem einzelnen Organ wiederfinden.

Der weibliche Körper ist auf das Mitmenschliche angelegt.

Sie ist darauf angelegt, ein Kind in sich wachsen zu lassen und zu gebären.

Dadurch hat sie ein breiteres Becken, schmalere Schultern, eine größere Dehnbarkeit der Bänder und Muskeln, sowie der Gelenke und große Innenorgane, um zwei Menschen zu ernähren.

Diese Programmierung auf die Mitmenschlichkeit läßt die Frau ganz andere Schwerpunkte im Leben setzen als der Mann, z. B. für Menschen da sein und sorgen wollen. Trotzdem muß auch die Frau das Tun – das männliche Element – mit in ihr Leben nehmen, sonst wird sie krank und ihre Lebendigkeit stirbt.

Die Ausrichtung auf die Mitmenschlichkeit läßt sich

auch daran erkennen, daß ihr Körper meistens einladender für Zärtlichkeiten ist, da er durch seine zartere Form und eine größere Beweglichkeit meistens mehr Anmut und Schönheit verbreitet. Das kommt daher, daß ihre Muskulatur feiner ist und ihr dadurch differenziertere Bewegungen erlaubt. Außerdem ist im Gehirn der Frau der Sprachbereich die stärkste Gehirnfunktion, was sie fähig macht, besonders über die Sprache zu kommunizieren.

Durch die stärkere körperliche Beweglichkeit ist die Frau häufig auch beweglicher in ihren Gedanken und Gefühlen, sie ist schneller begeistert, kann schneller Pläne umschmeißen usw.

Der Körperbau hat eine andere Statik, das Becken ist breiter und die Schultern schmaler. Der Körper einer Frau hat ein relativ größeres Durchhaltevermögen als der des Mannes, was sich natürlich auch auf die Psyche auswirkt. Eine Frau ist in einem Konflikt viel standfester, solange es keinen Kampf gibt. Sie ist auch viel geduldiger im Aushalten von anderen Menschen, aber ungeduldiger, wenn es um ihre eigene Befriedigung geht, weil sie ihren Körper mehr fühlt und jeden Mangel sehr viel schneller wahrnimmt.

Da die Frau ein leichteres Knochengerüst und weniger Muskelmasse hat, hat sie das Gefühl, sich weniger wehren zu können, und dadurch läßt sie sich mehr auf ihre inneren Fähigkeiten ein.

Durch die leichteren Knochen, die geringere Muskelmasse und dadurch, daß die Gelenke weniger beanspruchbar sind, haben es die Frauen schwerer, Spitzenleistungen zu erbringen.

Die Reaktionsfähigkeit ihrer Muskulatur ist nicht auf Schnelligkeit und Kraft angelegt: Bis ein Muskel einsetzt, vergeht eine längere Zeitspanne als beim Mann, wodurch die Frau etwas langsamer ist. Sie hat weniger Muskulatur und mehr Fettgewebe als der Mann. Die Körperspannung ist nicht so hoch wie beim Mann, sie ist aber gleichbleibender.

Die meisten weiblichen Organe arbeiten gleichmäßiger, und die Reinigungsorgane wie Leber, Nieren, Milz, Darm sind kräftiger, so daß bei der Frau eine gleichbleibende Energie erhalten bleibt und die Frau dadurch ausdauernder sein kann.

Die feinere Grundenergie einer Frau und ihre geringere Körperdichte in Verbindung mit dem gesamten Körperbau macht eine Frau empfindsamer, z. B. wärme- und kälteempfindlicher und schmerzempfindlicher.

Da ihr Körper ihr mehr Störungen signalisiert und sie mit ihrem Körper eher an Grenzen stößt, neigt sie dazu, sich körperlich schwach zu fühlen und ein schwaches Bild von sich zu haben.

Eine Frau ist mehr gebunden an ihren Körper. Zum einen, da sie sich jeden Monat durch die Regel ihrem Körper hingeben muß und dem Körper in dieser Zeit sozusagen untertan ist. Wenn sie sich dem Körper nicht hingibt, zwingen sie die Schmerzen oder der Verlauf der Regel dazu. Zum anderen hat sie dadurch, daß sie Mutter werden kann und dann ein Kind austragen muß, einen engeren Kontakt zu ihrem Körper. Denn wenn ein neues Leben entstehen soll, muß im Körper der Mutter die Lebensenergie sehr hoch sein. So muß der Körper einer schwangeren Frau neben der Lebenserhaltung des eigenen Körpers auch die sehr differenzierte Arbeit für den Körper des heranwachsenden Kindes leisten.

Diese Bindung an den Körper hat wichtige Konsequenzen für eine Frau. Es fällt ihr viel schwerer, etwas ohne Gefühl zu machen. Daher ist eine Frau, die wenig oder nichts fühlt, viel geschädigter als ein Mann.

Körper und Psyche stehen in einem Wechselspiel, sie beeinflussen sich gegenseitig.

Jüngste Forschungen haben gezeigt, daß sich bei Frauen und Männern das Gehirn genauso unterscheidet wie andere Körperteile, wie z. B. das Becken. Ob sich ein männliches oder weibliches Gehirn entwickelt, reguliert sich über Hormone und entscheidet sich in den ersten Schwangerschaftswochen.

Das weibliche Gehirn ist für Kommunikation und Mitmenschlichkeit ausgelegt: Die Bereiche im Gehirn, die für das Hören von Sprache und Stimmnuancen zuständig sind, sind größer und klarer eingegrenzt. Das hilft ihr sehr, zuzuhören, zu sprechen, zu verstehen und sogar feinste Stimmungsschwankungen aus der Stimme des anderen herauszuhören. Das formulierende und das automatische Sprachzentrum liegen weiter auseinander als beim Mann, die Verbindung der beiden Zentren führt direkt am Corpus Calossum, der Brücke zwischen linker und rechter Gehirnhälfte, vorbei, was der Frau ermöglicht, Sprache und Gefühl zu verbinden und über ihre Gefühle auch zu sprechen.

Insgesamt sind bei der Frau die Funktionen beim Sehen, der Bilderverarbeitung und dem räumlichen Denken weniger ausgeprägt und auf mehrere kleine Stellen im Gehirn verteilt. Deshalb können Frauen im Allgemeinen etwas schlechter sehen, schwerer räumlich und logisch denken, schwerer abstrahieren, verallgemeinern und analysieren.

Beim weiblichen Gehirn kann man weniger unterscheiden, welcher Bereich für welche Aufgabe zuständig ist, außerdem ist ihr Corpus Calossum größer als beim Mann. Das wirkt sich folgendermaßen aus: Die meisten Denkprozesse und Gefühle finden über das ganze Gehirn verteilt statt. Die Frau ist ständig für Gedanken und Wahrnehmungen offen. Das hat zur Folge, daß sie es schwerer hat, sich zu konzentrieren oder etwas auszublenden. Andererseits geht dadurch ihre Aufmerksamkeit in die Breite, sie nimmt mehr wahr, was um sie herum vorgeht. Sie hat dadurch eine breitgefächerte Sichtweise und es fällt ihr leicht, ganzheitlich zu denken.

Die Frau will die Welt natürlich auf ihre Art erfahren: Sie spricht über Dinge und Probleme, stellt Fragen, kommuniziert und macht sich Erfahrungen und Erkenntnisse anderer zunutze, nicht nur im persönlich-menschlichen Bereich, sondern auch bei der Bewältigung alltäglicher Tätigkeiten. Ein typisches Beispiel hierfür ist: hat eine Frau sich in einer fremden Stadt verfahren, fragt sie nach dem Weg. Ein typischer Mann würde sich mit Hilfe von Landkarte und Himmelsrichtungen orientieren.

Wenn eine Frau etwas lernt, ist sie nicht ausschließlich am Rationalen interessiert. Sie erfährt sich mit ihren Gefühlen und lernt bildhaft. Das Verstehen ist für eine Frau viel mehr als für einen Mann mit einer sinnlichen Erfahrung verbunden. Oft ordnet sie dem Gelernten einen Geschmack, einen Geruch oder ein Gefühl zu. Für eine Frau ist Verstehen:

Durchdrungen sein
Fühlen
berührt sein
Riechen

Da sie sprachlich denkt, hat sie es im zwischenmenschlichen Bereich leichter, Konflikte zu lösen: Sie kann verstehen und über ihre Probleme sprechen.

Wichtig ist für eine Frau, daß sie sich auch das logisch-analytische, ordnende Denken erobert, so gut sie kann, damit sie nicht richtungsloser Spielball ihrer Emotionen ist, sondern ihren Gefühlsreichtum und ihre breite Sichtweise gezielt für sich verwenden kann.

Der Denkstil eines Menschen stimmt nicht immer mit seinem Geschlecht überein, auch nicht unbedingt mit dem weiblichen oder männlichen Gehirn. Das heißt: In einem weiblichen Körper kann ein männliches Gehirn wohnen. Oder ein weibliches Gehirn kann einen männlichen Denkstil pflegen, was bei Frauen heutzutage häufig der Fall ist, weil das Männliche in unserer Kultur bevorzugt wird. Außerdem gibt es Gehirne, die Eigenarten beider Typen aufweisen, so daß es wichtig ist, seine eigenen Stärken und Schwächen im Denken und Fühlen herauszufinden.

•

— *Wie intensiv befaßt Du Dich mit dem Äußeren Deines Körpers (Kosmetik, Haar- und Hautpflege) und wieviel mit Deiner Gesundheit und Vitalität?*
— *Welche Bezeichnung würdest Du Deinem Körper geben (Freund, Diener, Sklave, Maschine, beziehungslos)?*

3. Wie sieht eine Frau die Welt?

breit
umfassend
gefühlsmäßig

Das Sehen einer Frau gleicht ebenso wie ihre Energie einem Fächer und unterscheidet sich wesentlich von der Sicht eines Mannes.

Wenn eine Frau ihre weibliche Seite voll entwickelt hat, ist ihre Wahrnehmung umfassender und breiter angelegt als die des Mannes und sie kann daher sehr viel mehr Verschiedenes gleichzeitig erfassen. Im einzelnen Fall sieht sie die Dinge jedoch nicht so differenziert, wie es ein Mann vermag.

Daher findet man auch in den Bereichen der Biologie, Sozialwissenschaften, Psychologie und im sprachlichen Bereich wie Sprachforschung viele Frauen.

Durch ihre umfassendere Sicht hat eine Frau viel eher das Ganze im Blickfeld und sieht im Gegensatz zum Mann die Auswirkungen eines einzelnen Vorgangs auf das ganze Gefüge. Von der Qualität des Sehens her ist sie gezwungen, wesentlich mehr als der Mann in sich aufzunehmen und ist daher viel leichter störbar als der Mann.

Grundsätzlich sind beim Sehen ihre Gefühle mit angesprochen, was ihr häufig einen tieferen, weil einfühlenderen Einblick in das, was sie sieht, ermöglicht. Gleichzeitig läßt sie sich fast automatisch von fast allem bewegen und berühren, weil sie alles betrifft und sie damit Teil der Welt ist. Ein Mann beobachtet die Welt distanziert und kann sich daher eher fernhalten. Er hat auch den Begriff der Umwelt erfunden, was seinen

Standort gut zeigt: Für ihn ist die Welt um ihn herum, die Frau steht mitten drin.

Da eine Frau hauptsächlich auf das Menschliche und das Mitmenschliche angelegt ist, ist ihr Blick fast immer auf das Lebende gerichtet:

Was kann ich erfahren?
Was kann ich erleben?

Wo kann ich mitfühlen? Wo werde ich gebraucht? Für was kann ich sorgen?

Ihr Interesse geht dabei zu dem Lebendigen, zu dem sie am meisten Bezug hat: wie z. B. Kinder, Mitmenschen, Pflanzen oder Tiere.

Sie ist mehr mit dem beschäftigt, was um sie herum passiert als der Mann und hat dabei eine aufnehmende, eher passive Haltung.

Sie sieht die Welt mit anderen Augen als der Mann. Das unterscheidet auch ihren Bereich, in dem sie sich erfährt, und ihre tatsächlichen Erfahrungen, die sie im Leben macht.

Es ist ihre Art, vom Leben gefühlsmäßige Eindrücke zu sammeln und sich an diesen Gefühlen zu orientieren. Sie wählt ihre Kontakte aus ihrem Gefühl heraus, während ein Mann eher die Vorteile und Nachteile abwägt.

Will die Frau ein vollständiges Bild vom Leben haben, ist es für sie wichtig und notwendig, ihre weibliche Seite voll zur Entfaltung zu bringen und die männliche Seite dazuzuentwickeln, da die weibliche Sicht alleine unvollständig ist. Genauso wichtig ist es für sie, entwickelte und reife Männer in ihr Leben zu holen, nicht um sich ihnen unterzuordnen, sondern um von ihnen zu lernen, daß es noch mehr Sichtweisen und andere Möglichkeiten des Hinschauens gibt.

Die weibliche und männliche Sicht einer Sache ergänzen sich und geben ein vollständigeres Bild der Wirklichkeit.

•

— *Welche Punkte meiner Beschreibung treffen auf Dich zu?*
— *Auf was ist Dein Blick meistens gerichtet?*

4. Die angelegten weiblichen Qualitäten und Stärken einer Frau und ihre letztendliche Bestimmung

erhalten
bewahren
erweitern

Die Frau hat wie der Mann bestimmte Anlagen für ihr Leben und ihren Lernprozeß auf der Erde mitbekommen, die ihre Rolle als Frau, wie sie von der Schöpfung vorgesehen ist, bestimmen. Darüberhinaus soll sie den Mann und das Männliche in der Weise ergänzen, daß beide Kräfte ihre gemeinsamen Aufgaben hier auf der Erde bewältigen können.

Diese Anlagen sind wie Vorgaben an die Frau, ähnlich einem Talent, das ein Mensch in das Leben mitbringt.

Gleichzeitig gehören diese Anlagen zu den Qualitäten des Weiblichen, die auch der Mann in schwächerer Form zur Verfügung hat, vorausgesetzt, er will die weibliche Seite in sich zum Leben erwecken. Sie bieten der Frau viele Entwicklungs- und Erfahrungsmöglichkeiten und haben das Ziel, jeden Ausdruck des Lebens zuzulassen und sämtliche Lebensformen zu bewahren:

annehmen	=	heißt: bereit zu sein, mit allem umzugehen, was auf einen zukommt; heißt nicht: blindlinks zu allem ja und Amen zu sagen und nicht zu reagieren;
zulassen	=	heißt: die innere Erlaubnis zu haben, daß alles in einem und um einen herum sein und wachsen darf;

		heißt nicht: die eigenen Grenzen zu ignorieren;
hingeben	=	heißt: in Wachheit geschehen zu lassen; heißt nicht: sich aufzugeben. Außerdem ist nicht jede Situation geeignet, sich hinzugeben. Es gibt Situationen, in denen es besser ist, männlich zu agieren;
aufnehmen	=	heißt: bereit zu sein für etwas, was auf einen zukommt, und trotzdem eine Auswahl zu treffen; heißt nicht: blindlings wie ein Schwamm alles aufzunehmen;
verwandeln	=	heißt: zulassen, daß etwas völlig Neues entsteht; heißt nicht, verändern zu wollen, oder sich der Situation anzupassen;
erhellen	=	heißt nicht: den Engel zu spielen;
wachsen lassen	=	heißt: ohne Druck oder Zwang einer Entwicklung über längere Zeit Raum zu geben; heißt nicht: tatenlos auf Veränderungen zu warten;
pflegen	=	heißt: sich eine längere Zeit mit einer bestimmten Sache, einem inneren Thema oder einem Menschen zu befassen; heißt nicht: einem Helfersyndrom zu verfallen und anderen die Verantwortung für ihr Leben abzunehmen;
schützen	=	heißt: sich für etwas einzusetzen, was man für Wert befindet, daß es weiterwächst; heißt nicht: den Retter zu spielen;

berührbar sein	=	heißt: das alle Teile des Lebens innerlich etwas auslösen dürfen; heißt nicht: triefend sentimental zu sein;
mitfühlend sein	=	heißt: sich auch andere Menschen nahegehen zu lassen und nicht nur von seinem eigenen Wohl und Wehe beeindruckt zu sein; heißt nicht: bei jedem Kranken oder Leidenden zusammenzubrechen;
kontaktfreudig	=	heißt: Interesseam Menschlichen und Mitmenschlichen, Bereitschaft sich auszudrücken und Freude am Austausch zu haben; heißt nicht: Oberflächlichkeiten zu verbreiten;

Diese Qualitäten stehen für die Möglichkeiten, wie eine Frau mit dem Leben umgehen kann. Sie zeigen ihr eine bestimmte Richtung, in die sie gehen kann und geben gleichzeitig dem Weiblichen eine bestimmte Form und einen bestimmten Ausdruck.

Dabei hat sie zwei Hauptorientierungen: Das Menschliche und Mitmenschliche und die Schönheit, wobei sie hier häufig in Äußerlichkeiten stecken bleibt.

Diese Qualitäten des Weiblichen sind bereits in ihr angelegt, sie muß sie daher nicht neu entwickeln, sondern ihr Lernprozeß besteht darin, sie freizulegen, zu verstärken und weiterzuentwickeln.

Das erreicht sie durch einen intensiven Selbsterfahrungsprozeß, in dem sie sich bewußt macht, wo sie steht und was sie daran hindert, z. B. annehmend zu sein, oder was sie alles an Leben nicht zulassen kann, wie Gefühle, Verhalten,

Eigenschaften. Es kann sein, daß sie dahinter kommt, daß sie viele Werturteile oder Vorurteile hat, oder nach bestimmten Moralvorschriften lebt, die sie selbst und andere am Leben hindern. Ihre Arbeit ist es, die Hindernisse in sich aufzuspüren und sie Stück für Stück abzubauen.

Die Frau kann sehr viel schneller Kontakt zu ihren Anlagen bekommen, wenn sie Wachheit, Hingabe und Selbstlosigkeit in sich fördert.

In diesem Entwicklungsprozeß steht jedoch jede Frau an einem anderen Ort. War eine Frau in ihren Vorleben schon häufig als Frau auf dieser Erde, hat sie schon mehr weibliche Qualitäten entwickelt und gelebt als eine Seele, die häufiger als Mann auf diesem Planeten war. Es kann daher sein, daß sie auf die Erde kommt und bereits ein annehmendes Wesen mitbringt, aber gleichzeitig große Schwierigkeiten hat, etwas wachsen zu lassen. Das wäre dann ihre Lernaufgabe in diesem Leben.

Da jeder Mensch beide Anlagen in sich trägt und daher auch die Wahl hat, in welche Richtung er sich entwickeln will, so hat auch die Frau die Wahl, mehr das Männliche in sich zu entwickeln und damit auch die männlichen Qualitäten mehr in den Vordergrund zu stellen. Das kann in bestimmten Lebenssituationen nötig sein, die ihr sehr viel mehr Männliches abverlangen, z. B. in einer Lebenslage, wo sie ein Kind oder mehrere Kinder alleine aufziehen und gleichzeitig die Ernährerrolle bewältigen muß. Die Frau kann jedoch selbst nach vielen Jahren schnell wieder in das Weibliche zurückkehren, sobald es die Situation für sie zuläßt, z. B. wenn ein Mann in ihr Leben tritt.

Auch wenn Frauen ein männliches Gehirn haben, bevorzugen sie häufig das Männliche, ebenso Frauen, die mit einem männlichen Seelen-Aspekt ihre Erdenerfahrung machen.

Nur wenn eine Frau diese weiblichen Qualitäten wirklich lebt, kann sie die von der Schöpfung vorgesehene Rolle als Frau ausfüllen und den Mann ergänzen und ihm hilfreich zur Seite stehen – nicht im bisherigen gesellschaftlichen Sinn, sondern in einer ebenbürtigen Weise – und ihm die Impulse geben, die er von der Frau braucht, um sein Handeln immer wieder an der Menschlichkeit zu orientieren und um im Auge zu behalten, für was er eigentlich arbeitet. Das ist deswegen so wichtig, weil Männer häufig dazu neigen, über ihre gesteckten Ziele hinauszuschießen.

Die Frauen haben diese weiblichen Qualitäten als Anlage bekommen, um zusammen mit den Männern eine bestimmte Aufgabe erfüllen zu können, und genau

diese Aufgabe ist ihre
BESTIMMUNG.

Die weibliche Bestimmung ist es, das Leben in jeder Form

zu erhalten
zu bewahren
und zu erweitern.

Und mit dem Leben ist alles gemeint, was lebt: Menschen, Tiere, Pflanzen, Flüsse, Meere, Gefühle, Gedanken, Rituale, die das Leben fördern, Verhaltensweisen, die Menschen zusammenbringen, Heilmethoden, Gesänge usw.

Sie ist die Hüterin des Lebens.

Ihre Aufgabe ist es, immer ein Auge auf alles Lebendige zu haben, es zu pflegen und es zu beschützen und die Mißstände aufzuzeigen, die das Leben mißachten oder es zerstören. Daher ist auch ihre Stärke Mutter oder Ziehmutter von jeglicher Art von Lebewesen zu sein. Dadurch muß eine Frau, die ihr Kind abtreibt, wider ihre Natur handeln, was auch der Grund ist, daß diese Frauen oft jahrelang nicht darüber hinwegkommen.

Dieser Bestimmung kann sie jedoch nur nachkommen, wenn sie sich entsprechend ihren Anlagen entwickelt hat.

Man kann die Frau auch als die Lebensspenderin bezeichnen, da sie ihr Leben mit allem verbindet, was sie umgibt, sie ist immer gefühlsmäßig beteiligt, außer sie lebt sich nicht oder nicht mehr.

Wenn sie ihre weiblichen Qualitäten lebt und zu ihrer Bestimmung gefunden hat, verbreitet sie sehr viel innere und äußere Schönheit, was allen Menschen zugute kommt und sie dazu anregt, auch ihre weiblichen Qualitäten zu entfalten und zu leben.

Natürlich ist es der Frau überlassen, wie sie ihre Rolle als Frau ausfüllen und welche der weiblichen Qualitäten sie leben will. Je mehr sie sich dem Leben zuwendet, um so mehr wird sie sich in ihrem Element fühlen. Wichtig ist jedoch, daß sie ihre Qualitäten nicht nur auf Kinder und Küche beschränkt, sondern selbstbewußt damit in die Welt geht, um mit den Männern zusammen der Unmenschlichkeit der heutigen Zeit und der Zerstörung unseres Lebensraumes entgegentreten zu können.

Die Qualitäten des Weiblichen sind genau die Ergänzung zum Männlichen und haben als Hauptaufgabe, das Leben zu schützen und zu bewahren.

Wenn Du Dich nicht in der Beschreibung der weiblichen Qualitäten wiederfindest, heißt das nicht, daß Du keine Frau bist, sondern:

- daß Du Dir möglicherweise bisher nicht gestattet hast, das Weibliche zu leben,
- daß Du möglicherweise mehr männliche Qualitäten zum Ausdruck bringst,
- oder weil Du aus ideologischen Gründen glaubst, daß Frau und Mann gleich sind (dieses Ideal ist in der Frauenbewegung vertreten worden).

Es geht weder darum, daß Du alle diese Qualitäten schon lebst, noch darum, daß Du sie «nachspielst», um eine Frau zu sein, sondern daß Du sie zum Leben erweckst, damit Du Deine Weiblichkeit vollständig erfahren und zu deiner Bestimmung finden kannst. Mach Dir also deutlich, wo Du wirklich stehst.

•

— *Welche der Eigenschaften kennst Du schon an Dir?*
— *Welche magst Du?*
— *Welche versteckst Du? Welche sind Dir peinlich?*
— *Wie findest Du es, ganz anders zu sein als ein Mann?*

5. Die weibliche Sexualität

annehmend
umschließend
hingebend
fühlend

Die Sexualität im allgemeinen

Wenn man über Sexualität spricht, ist damit zunächst der Drang und der Akt der Fortpflanzung gemeint. Die Sexualität umfaßt jedoch eine weit größere Spannnweite: beginnend bei der reinen Triebbefriedigung, über den Ausdruck von Zuneigung, bis hin zu einem bewußtseinserweiternden Sex, der sowohl Transformation als auch Erleuchtung auslösen kann.

Das Wort Sexualität bezeichnet sowohl die *sexuelle Energie*, eine Grundenergie, die in fast allem Lebenden vorhanden ist, auch in Pflanzen und Tieren, als auch *sexuelle Gefühle*, durch die ein Lebewesen mit seiner sexuellen Energie in Kontakt kommen kann, als auch den *sexuellen Akt* als die sichtbarste Manifestation der sexuellen Energie. – Sie ist bei jedem Menschen unterschiedlich stark, bei den meisten Menschen muß sie immer wieder neu geweckt werden. Dafür haben wir unterschiedliche «Motoren» in uns: unseren Sexualtrieb, Begierde, Sehnsucht zu Verschmelzen und den Wunsch nach Nähe und Hingabe.

Der Sexualtrieb ist unser wichtigster Motor, der uns Menschen am meisten in Bewegung bringt.

Sobald unser physisches Überleben einigermaßen gesichert ist, indem wir etwas zu essen haben und einen Platz, an dem wir uns sicher fühlen – das kann auch unter einer Brücke sein –, erwacht dieser Trieb und wir wollen ihn befriedigen. Der Drang nach Sexualität ist in uns Menschen deswegen so stark angelegt, damit wir alles daran setzen, um uns zu vermehren und zum anderen, weil er uns in näheren Kontakt zu anderen Menschen bringt. Der Sexualtrieb bestimmt zum großen Teil die Anziehung zwischen Menschen. Die meisten Menschen gehen jedoch diesem Trieb nur versteckt nach, z. B. geht jemand vordergründig in ein Lokal und will sich entspannen oder etwas essen, hintergründig sucht er jedoch nach einer Frau; oder jemand kauft sich eine Zeitung, um sich zu informieren, will sich aber hintergründig die hübschen Frauen anschauen, die seine Sexualität anregen. Das Hübschmachen der Frau oder der Wunsch des Mannes, viel Geld zu verdienen, haben häufig eine sexuelle Komponente, weil sich beide dadurch Sexualpartner versprechen. Auch die Teilnahme an einem Fest ist häufig mit dem Wunsch verbunden, dort nicht nur Freunde, sondern auch jemanden zu treffen, mit dem man sich sexuell verbinden kann. Manche Menschen, die ein großes Verlangen nach Sexualität haben, sind selbst oft sogar dann dazu bereit, wenn sie dabei mißachtet werden.

Die Sexualität ist ein sehr wichtiger Ausdruck unserer Lebenskraft. Diese Lebenskraft kann man sowohl in sich selbst, als auch mit einem anderen Menschen zusammen fühlen und erleben. Daher bestimmt auch der Abstand, den wir zur Sexualität haben, unsere Lebendigkeit, denn die Sexualität ist ein natürlicher Bestandteil unseres Gefühlslebens. Menschen, die ihre Sexualität nicht spüren und auch nicht leben, wirken eher leblos, schwächlich und fad.

Wenn man auch die sexuelle Energie in sich alleine spüren und genießen kann, so löst sie doch das Verlangen aus, die Sexualität mit einem Partner leben und erleben zu wollen. Es bleibt immer ein Gefühl des Unerfülltseins zurück, wenn sich niemand findet, mit dem wir unsere Sexualität teilen können.

Denn der Wunsch nach sexueller Vereinigung ist häufig gekoppelt mit dem Bedürfnis, sich selbst zu spüren, einem anderen Menschen ganz nahe zu kommen und mit ihm zu verschmelzen. Daher gibt es auch keine feste Grenze zwischen dem Wunsch nach Nähe und dem Verlangen nach Sexualität.

Insgesamt hat die Sexualität, wenn sie nicht mehr ausschließlich der reinen Triebbefriedigung dient, sondern vom Herzen kommt, eine breite Wirkung auf den Menschen und auf den Körper. Die sexuelle Energie setzt im Körper Opiate und Botenstoffe frei, die Glücksgefühle auslösen. Gleichzeitig reinigt und kräftigt sich der Körper. Außerdem konzentriert die Sexualität die Aktivität mehr auf die rechte Gehirnhälfte, was uns «zivilisierten» Menschen besonders wegen unserer Überbetonung der linken, rationalen Gehirnhälfte sehr gut tut. Einige Menschen bekommen dabei sogar innere Bilder und Visionen.

Eine ganz besondere Wirkung hat dann die Sexualität auch auf unser Urvertrauen. Wenn die Sexualität uns ganz erfaßt und wir auch unser Herz dabei spüren, fühlen wir uns angenommen und für eine Weile völlig okay. Wenn ein Mensch diese Gefühle kontinuierlich spürt, lernt er wieder, an sich zu glauben und anderen Menschen zu vertrauen.

Entzieht man einem Menschen hingegen aus Machtgründen die Sexualität, entbehrt er dieses Okay-Gefühl und wird von dem Okay eines anderen Menschen abhängig. Auf diese Weise kann man diesen Menschen in jede Richtung manipulieren (z. B. Mädchen vor der Ehe, Kloster, Gefängnis).

So wie die sexuelle Vereinigung Ausdruck von Zuneigung, Liebe oder Wärme sein kann, so gibt es auch viele andere Beweggründe, um einem anderen Menschen sexuell begegnen zu wollen: Jemand will sich seine Anziehung beweisen oder wissen, wie weit er mit jemandem gehen kann, für einen anderen ist das sein einziger Lebensausdruck, ein anderer will seine Probleme damit lösen oder nicht alleine sein usw. Das Resultat davon ist meist Leere, Frustration und Schmerz.

Die Sexualität ist von der Schöpfung so angelegt, daß sie neben der Fortpflanzung Frau und Mann näherbringen soll, so daß in diesem Verschmelzungsprozeß aus zwei unterschiedlichen Energien eine Gesamtenergie entstehen kann, mit dem Ziel, daß beide dabei ihre Grenzen überschreiten. Die Weiterentwicklung besteht unter anderem darin, daß Frau und Mann durch ihre Hingabe füreinander der göttlichen Energie näherkommen und daraus eine Hingabe zu Gott erwächst. Ebenso kann sich jeder von ihnen einen Einblick verschaffen, wie es sich anfühlen würde, ohne Ich-Grenzen zu sein, vorausgesetzt, er ist bereit, sich dem anderen total hinzugeben. Das ist das Ziel der Lehre des Tantra. Das erreicht ein Paar jedoch nicht über bestimmte Übungen, sondern nur durch einen persönlichen Wachstumsprozeß, der den Boden für diese Erfahrung vorbereitet. Denn beide brauchen schon eine gewisse Klarheit, Erfahrung mit sich selbst, ein In-sich-Ruhen und ein Wissen um sich, um gemeinsam diese tiefe Erfahrung des Verschmelzens machen zu können.

Die Sexualität ist jedoch in unseren europäischen Gesellschaften durch starke Moralvorschriften, Tabus und Gesetze geregelt, z. B. wer mit wem Sex haben darf und wer nicht und an welchen Orten. Außerdem ist das aktive Ausleben der Sexualität im Alltagsleben ausgeklammert.

Ohne Regeln zur Einschränkung der Sexualität wäre jedoch eine Gesellschaft in der heutigen Form, die den einzelnen wenig berücksichtigt, nicht regierbar, da die frei gelebte Sexualität in jedem Menschen eine starke innere Sicherheit auslöst: eine Art Allmacht. Ein Mensch, der sicher und erfüllt ist, will in seinem Leben selbst die Hauptrolle spielen und sich selbst bestimmen, er will nicht mehr von außen regiert werden. Solange wir als Menschheit nicht im Zustand der Liebe sind, brauchen wir aber Gesetze als Hilfsmittel, um die Schar der nicht-liebenden Menschen davon abzuhalten, anderen, z. B. Abhängigen und Kindern mit ihrer Sexualität Schaden zuzufügen. Und trotzdem lassen sich Übergriffe, wie sie zum Beispiel in Familien, oder in Form von Vergewaltigungen passieren, durch Gesetze nicht wirksam vermeiden.

Diese ausgesprochenen und unausgesprochenen Moralvorschriften und Tabus haben einen sehr prägenden Charakter, da sie uns bereits als Kinder vermittelt wurden: Entweder wurde über Sexualität gar nicht gesprochen, oder sie wurde als etwas Verbotenes hingestellt, oder uns wurde beigebracht, daß Sexualität nichts Natürliches, sondern schlecht oder sogar böse sei. Durch diese frühkindlichen Prägungen ist der Großteil der Menschen in ihrer Sexualität nicht mehr frei. Wenn wir diese verinnerlichten Grenzen überschreiten, fühlen wir uns schlecht, oder der Sex hat nicht die Wirkung, die er haben könnte, weil uns die innere Freiheit und Offenheit dabei fehlen. Aber auch die Sinnlichkeit, die ein Teil der Sexualität ist, leben wir nur eingeschränkt, da wir in unserer Kultur von der Natur entfremdet sind, wenig Zeit für uns selber haben und durch unsere Außenorientierung wenig Platz dafür ist.

Da die Sexualität nicht frei gelebt wird, sucht sich die Lust einen Ausweg, z. B. in Pornofilmen, Sexzeitschriften, Peepshows, Bordellen. Doch diese Wege, die hauptsächlich von Männer beschritten werden, sind Ausdruck der gesellschaftlichen Doppelmoral, und Sexualität wird so zu einem Konsumartikel wie alles andere auch.

Insgesamt sind wir durch die nicht frei gelebte Sexualität sex-hungrig geworden, was den meisten Menschen jedoch nicht bewußt ist. Sie spüren einen Mangel in sich, ohne jedoch genau sagen zu können, wonach sie sich sehnen oder wonach sie hungern. Viele Menschen, die keinen Partner haben, verdrängen ihren Hunger nach Sexualität, oder ersticken ihn mit Essen, Alkohol, Arbeit oder anderen Suchtmitteln.

Da Menschen, die einen Mangel haben, am leichtesten lenk- und regierbar sind, sind diese Moralvorschriften für die Machthaber sehr wichtig. Wenn ein Mensch nach etwas hungert, kann man ihm alles mögliche einreden, was vermeintlich diesen Hunger stillt. Zum Beispiel: Als Mann brauchst Du Geld, Macht, Besitz, Ansehen, ein tolles Auto, und als Frau Schönheit, um einen Partner zu finden. Dafür müssen beide Geschlechter eine Menge arbeiten, damit sie für ihr Prestige und ihre Attraktivität das Nötige kaufen können, z. B. bestimmte Kosmetika, Vitamine, Kleider zu jeder Gelegenheit, die entsprechenden Schlankheitsmittel, den richtigen Haarschnitt und die Schönheitsoperation für den passenden Busen oder die richtige Nase. Eine ganze Industrie lebt von dieser Außenorientierung und der Illusion, dann und erst dann einen Partner finden zu können.

Die Sexualität einer Frau – und die eines Mannes

Die Sexualität einer Frau unterscheidet sich sehr von der Sexualität eines Mannes. Es ist daher nicht nur wichtig, daß die Frau *ihre* Sexualität begreift, sondern auch die des Mannes, da ihre gemeinsame Sexualität ein Zusammenspiel ist. Dabei sollte jeder die Eigenarten des anderen kennen, um das Spiel so schön und so erregend wie möglich gestalten zu können. Da sich Frau und Mann in ihrer Sexualität gleichzeitig ergänzen, haben beide die Chance, sich nicht nur in ihrer Ganzheit zu erfahren, sondern auch die Qualität des anderen dazuzugewinnen.

Die Frau ist viel körperbezogener als der Mann und daher ist ihre Sexualität weiter gefächert als die des Mannes. Wenn sie sensibel ist, spürt sie ihren Körper sehr intensiv und findet leichter Kontakt zu ihm. Durch ihre Feinstofflichkeit nimmt sie sowohl die Schwingungen ihres eigenen Körpers als auch die des Mannes leichter wahr. Deshalb fällt es ihr leicht, ihre sexuelle Energie im ganzen Körper zu spüren und wahrzunehmen, wie diese Energie im ganzen Körper fließt, vorausgesetzt, ihr Körper ist nicht blockiert oder durch Ablagerungen und Verspannungen unsensibel geworden. Ihre sexuelle Energie kann sich dann bereits bei einem Kuß oder einer Zärtlichkeit auf den ganzen Körper ausdehnen und in alle Bereiche ausstrahlen, so daß ihr manchmal der eigentliche Akt nicht mehr so wichtig ist, was ein Mann eher nicht versteht.

Da der Mann häufig seinen Körper nur teilweise spürt oder ihn wenig wahrnimmt, ist er im allgemeinen nicht so körperbewußt wie die Frau. Er spürt seine Sexualität oft erst dann, wenn er eine Frau im Genitalbereich berührt, oder sie ihn, oder wenn er in ihr ist. Daher ist ihm auch der Geschlechtsakt so wichtig.

Bei einem Mann ist die sexuelle Energie in seinem Unterleibt stark gebündelt. Er erfährt die Ausdehnung seiner sexuellen Energie meistens nur in den Sekunden vor und während des Orgasmus. Daher sind Männer auch viel zielgerichteter in ihrer Sexualität und damit auch orgasmusorientierter als Frauen.

Die Sexualität einer Frau entspricht ebenso wie die des Mannes ihrem Energiekonzept: Sie ist auf Dauer angelegt, er auf ein kurzes, schnelles Verfolgen seines Zieles.

Die Erregungskurven der Frau und des Mannes sehen entsprechend aus. Die Erregung der Frau erlebt eine allmähliche Steigerung und einen gleichmäßigeren, langsameren Anstieg mit leichten Abfällen, wobei nach dem Höhepunkt die Erregung wesentlich langsamer wieder abnimmt und der Ausklang wesentlich länger und langsamer ist, und nicht so abrupt wie beim Mann. Die Frau erlebt daher eine weniger starke Steigerung in der Sexualität wie der Mann.

Beim Mann hingegen beginnt die Erregung gleichmäßig und zügig, ist schnell auf ihrem Höhepunkt und nimmt ebenso schnell, manchmal sogar ganz plötzlich wieder ab.

Die Frau ist in der Sexualität die Hingebungsvolle, die Empfangende, die Gefühlsbringende. Sie sorgt durch ihre Empfindungen, Gefühle und Zärtlichkeiten für das Leben zwischen ihnen und regt den Mann dazu an, auch mehr zu fühlen und zärtlich zu sein.

Ein Mann, der sich noch nicht entwickelt hat, ist meistens auf schnellen Sex mit dem klaren Ziel seiner Befriedigung ausgerichtet und hat wenig Sinn für Zärtlichkeiten. Er glaubt, daß es der Frau «so» gefällt und daß sie es «so» braucht. Er erfährt erst etwas anderes, wenn er einer Frau begegnet, die es «so» nicht mag und ihn über ihre Bedürfnisse aufklärt. Erst wenn ein Mann sich weiterentwickelt hat, ist Sexualität für ihn mehr als animalische Triebbefriedigung.

Der Orgasmus der Frau ist der Höhepunkt, an dem sich ihre sexuelle Energie entlädt und an dem ihre Säfte fließen, die den Samenzellen des Mannes wesentlich den Weg zum Ei erleichtern. Daher spielt ihr Orgasmus auch eine Rolle bei der Befruchtung, ist jedoch dazu nicht so nötig wie beim Mann.

Manche Frauen erleben wie der Mann den Orgasmus als den Gipfelpunkt ihrer Lust und als Befriedigung ihres Triebes und sind daher sehr fixiert auf dieses Erlebnis. Es gibt jedoch Frauen, für die der Orgasmus nicht das wichtigste in ihrer Sexualität ist, weil sie schon vor dem Orgasmus und auch hinterher die sexuelle Energie stark wahrnehmen und daraus einen großen Lustgewinn ziehen. Da die sexuelle Energie der Frau nach einem Orgasmus nicht zusammenbricht wie beim Mann, kann sie über längere Zeit sexuell aktiv sein. Das Fließen ihrer Säfte hat auch keine schwächende Wirkung auf ihren Körper wie beim Mann.

Der Orgasmus kann bei der Frau, wenn sie sehr sensibel ist, an mehreren Orten des Körpers ausgelöst werden, weil eine Frau viele erogene Zonen hat.

Die Orgasmusfähigkeit einer Frau nimmt einige Tage vor ihrem Eisprung zu und flaut einige Tage später wieder ab. Für eine Frau ist es sehr viel schwieriger, einen Orgasmus zu bekommen, als für den Mann, da sie sehr entspannt sein und die Fähigkeit haben muß, sich voll hinzugeben. Wichtig ist für eine Frau, daß sie lernt, den Sex auch dann zu genießen, wenn sie nicht zum Orgasmus kommt.

Der Orgasmus des Mannes ist auch für ihn der Höhepunkt, an dem sich seine sexuelle Energie entlädt und der Samen konzentriert in die Frau fließt. Er wird von ihm als der Gipfelpunkt seiner Lust erlebt, und im «normalen» Sex erfährt er auf diese Weise die Befriedigung seines Triebes.

Gewöhnlich wird beim Mann der Orgasmus mit seinem Samenerguß gleichgesetzt. Es ist jedoch möglich, daß ein Mann einen Samenerguß ohne Orgasmus hat oder auch einen Orgasmus ohne Samenerguß. Letztere Möglichkeit setzt jedoch großes Körperbewußtsein und viel Übung voraus. Wenn der Mann sehr geübt ist, kann er hohe Wellen der Lust auch schon vor dem Orgasmus zulassen und genießen.

Nach einem Orgasmus mit Samenerguß ist die sexuelle Aktivität beim Mann erst einmal beendet. Daher verhindert ein zu schnell kommender Orgasmus jede weitere Steigerung der sexuellen Energie und der Lust.

Nach einem Orgasmus ohne Samenerguß schwächt sich die sexuelle Energie nur ab, bricht aber nicht zusammen, so daß ein Mann relativ schnell wieder sexuell aktiv werden kann. Grundsätzlich wird der Orgasmus ohne Samenerguß von einem Mann als viel erfüllender erlebt, weil er nicht nur seinen Trieb befriedigt, sondern viele Gefühle freisetzt und ihn ganzheitlich erfaßt.

Es gibt Techniken, um den Orgasmus zu verzögern und in die Länge zu ziehen und auf diese Weise die sexuelle Energie um ein vielfaches zu steigern (Taoismus, Tantra).

Wenn ein Mann zu häufig einen Samenerguß hat – im Taoismus empfiehlt man einem jüngeren Mann nicht mehr als einmal pro Woche und einem älteren Mann einmal pro Monat – , hat es eine schwächende Wirkung auf seinen Körper. Was verständlich ist, wenn man bedenkt, daß der Körper immer wieder neue Samenzellen produzieren muß, von denen jede einzelne die Information für einen kompletten Menschen enthält.

Der Orgasmus ist bei weitem nicht das einzig wichtige in der Sexualität. Er wird in unseren europäischen Kulturen überbetont. Durch die Orgasmus-Orientierung bleibt die Sexualität oberflächlich und daher letzten Endes nicht erfüllend. Eine zu starke Orientierung am Orgasmus ist sogar störend, denn ein Geschlechtsakt ohne Orgasmus-Orientierung kann sehr viel mehr sexuelle Energie freisetzen und damit die sexuelle Lust erhöhen, als ein Geschlechtsakt, bei dem es schnell zum Orgasmus des Mannes oder der Frau kommt, wobei das bei Frauen seltener der Fall ist.

Wenn ein Mann das Strömen seiner sexuellen Energie nur beim Orgasmus erlebt, ist er natürlich aus seiner Sicht sehr wichtig.

Auf der anderen Seite bietet der Orgasmus bestimmte Erfahrungsmöglichkeiten, die manche Menschen brauchen, um z.B. in der Sexualität die Erfahrung des Loslassens machen zu können. Außerdem fördert die Sexualität die Hingabefähigkeit, und für viele Menschen ist das der einzige Weg und daher sehr wichtig.

Die Sexualität verträgt grundsätzlich keinen Stress. Bei Menschen, die dauerhaft mit Stresshormonen belastet sind, nimmt die sexuelle Aktivität ab, da ihre Kraft für andere Dinge gebraucht wird.

Für eine Frau ist es fast wichtiger, ihre Lust zu leben, da ihr Bedürfnis nach Nähe und Geborgenheit besonders durch die Sexualität befriedigt werden kann. Wenn dieses Bedürfnis gestillt ist, wird sie heiter und offen.

Der Mann erlebt durch die Sexualität eine körperliche Kräftigung und wird ebenfalls freudiger und optimistischer. Schafft er es dabei, sich der Frau auch innerlich zu nähern, erfährt auch sein Inneres eine Stärkung, er strahlt dann mehr Selbstbejahung und Selbstvertrauen aus.

Die Lernschritte einer Frau

Auch die Sexualität bietet der Frau ein weites Lernfeld: Zum einen muß sie lernen, sich intensiv mit ihrem Körper zu beschäftigen, um eine gute Beziehung zu ihm zu bekommen und in der Weise für ihn sorgen, daß er gesund und vital bleibt. Genauso wichtig ist es für sie, ihrem Körper genügend Entspannung zu geben und gegebenenfalls Hilfe in Anspruch zu nehmen, um ihre körperlichen und seelischen Blockaden zu lösen, damit die Energien im Körper gut fließen und sich ihre sexuelle Energie im ganzen Körper ausbreiten kann. Dazu gehört auch eine gesunde Ernährung, viel Sauerstoff und Bewegung, um Ablagerungen im Körper zu vermeiden, die ihn weniger empfindsam machen.

Ihr Ziel sollte dabei sein, einen geschmeidigen und sensiblen Körper zu haben.

Zum anderen muß sie lernen, für ihre sexuellen Wünschen aktiv zu werden und sich andererseits den Sexwünschen des Mannes zu widersetzen, wenn ihr nicht danach ist. Sie muß ver-lernen, den Mann machen zu lassen und ihm beibringen, daß es noch etwas anderes gibt, als schnellen Sex, der sie meistens unbefriedigt zurückläßt.

Auf der anderen Seite hat sie aber auch die Chance zu lernen, sich dieser kräftigeren und schnelleren Energie des Mannes hinzugeben und seine zielgerichtete Energie zuzulassen und sich auch mal auf eine schnelles Abenteuer mit ihm einzulassen. Sie kann die männliche Energie besser kennen- und verstehenlernen, wenn sie diese ureigene männliche Energie am eigenen Leib erfährt. Das sollte jedoch nicht die einzige Spielart ihrer Sexualität sein.

Ein anderer Schritt ist für sie zu lernen, während der sexuellen Begegnung mit dem Mann wirklich präsent zu sein, d. h. bei sich oder bei dem anderen zu sein und sich nicht in Vorstellungen, Geschichten oder Erinnerungen zu verlieren. Diese Konzentration ist eine Notwendigkeit, um sich und den anderen intensiv erleben zu können.

Eine ihrer wichtigsten Schritte ist es, wirkliche Hingabe zu entwickeln, d. h. zu lernen, sich mit allen ihren Gefühlen, Gedanken und Wünschen zuzulassen, ihre Kontrolle, die Grenzen des Ichs und ihrer Ich-Bezogenheit immer wieder neu aufzugeben, so daß die Begegnung mit dem Mann jedes Mal ein Stück tiefer gehen kann. Das wird auch ihre weibliche Energie sehr stärken, und sehr bald wird ihre Weiblichkeit aus jeder Pore strahlen.

Ebenso wie der Mann muß die Frau lernen, darauf zu achten, daß ihre gemeinsame Sexualität nicht der Routine verfällt. Denn Routine ist ein Gefühlstöter und läßt Dich keine neuen Erfahrungen mehr machen.

Die Routine kannst Du daran erkennen, daß Du beim Sex nicht mehr viel empfindest und den Eindruck hast, daß Du nur noch mechanisch reagierst. Hilfreich ist dabei für Dich herauszufinden, was es mit Deiner Beziehung zu tun hat, und daß Du Dir Möglichkeiten ausdenkst, wie Du diese Routine durchbrechen kannst. Dabei können manchmal Übungen eine gute Hilfe sein, vorausgesetzt, Ihr laßt Euch beide nicht davon einengen.

In dem Maße wie die Frau ihre weibliche Seite schon entwickelt hat, wächst ihre Aufgabe, im sexuellen Bereich die Rolle einer Lehrerin zu übernehmen. Es ist an ihr, dem Mann ihren Gefühlsreichtum nahezubringen und ihm verständlich zu machen, was sie braucht: Wie erquickend und schön eine Berührung, eine Zärtlichkeit sein kann, auch wenn sie nicht mit ihm schläft. Denn der Mann muß begreifen lernen, daß er seinen Lustgewinn nur durch den Lustgewinn der Frau steigern kann und nicht ohne sie. Ohne die Frau miteinzubeziehen, wird er innerlich immer leer bleiben. Manche Männer versuchen, durch immer bizarrere Sexpraktiken diese Leere zu umgehen, was ihnen aber nicht wirklich gelingt.

Nur wenn beide fühlen, kann sich ihre Erregung immer mehr steigern, und ihre Begegnung kann so tief werden, daß der ganze Körper von ihrer sexuellen Energie erfaßt wird. Da bei der Sexualität sehr viel Energie im Spiel ist, können beide ungeahnte Kräfte und Gefühle in sich wecken und gemeinsam sehr tiefe Erfahrungen machen.

Die Wachstumsmöglichkeiten von Frau und Mann durch die Sexualität

Sobald sich Frau und Mann zusammentun und bereit sind, miteinander zu lernen, können sie auch ihre Sexualität einsetzen, um ihr inneres Potential zu wecken und ihr Bewußtsein zu erweitern. Das ist ein stetiger und nie endender Prozeß, der ein tiefes Einlassen von beiden verlangt.

Um das zu schaffen, müssen Frau und Mann gemeinsam einen neuen Zugang zur Sexualität finden, der sie beide bereichert und befruchtet. Das können sie nur, wenn sie die Sexualität als eine Erfahrungsebene des menschlichen Seins begreifen. Dazu gehört, daß:

Frau und Mann begreifen, daß sie sexuelle Wesen sind und daß die Sexualität ein Ausdruck ihres Menschseins ist,
Frau und Mann aufhören, sich gegenseitig zu benutzen,

oder sich am anderen abzureagieren, oder durch die Sexualität Macht auszuüben, oder sich irgendwelche Leistungen abzuverlangen,

Frau und Mann dankbar werden für das, was sie in der Sexualität bekommen: Körperkontakt, Wärme, Nähe, Energie und die Gefühle des anderen,

Frau und Mann erkennen, welche Chance in ihrer Begegnung liegt, daß sie sich so unmittelbar und direkt begegnen und erfahren können, daß sich nicht nur ihre Energie, sondern auch ihre Lebendigkeit steigern kann,

Frau und Mann lernen, sich in der Sexualität füreinander zu öffnen und sich ihre Zuneigung zu geben, selbst wenn sie sich nur für eine Nacht treffen wollen,

Frau und Mann lernen, sich gegenseitig satt zu machen, indem sich jeder voll einbringt mit dem, was er zu geben hat und der andere braucht,

Frau und Mann ihre Sexualität als einen Fluß begreifen und nicht als eine Abfolge von bestimmten Stellungen oder Praktiken.

Zunächst einmal muß sich jeder von ihnen mit seiner eigenen Sexualität befassen und wenn nötig vertraut machen. Dabei können folgende Fragen hilfreich sein:

Bin ich in Kontakt mit meiner sexuellen Energie?
Oder spüre ich sie nur, wenn ich an bestimmten Stellen angefaßt werde?
Oder selbst dann nicht mehr?
Was sind die Ursachen dafür?
Wie wichtig ist mir meine Sexualität?
Fühle ich mich frei, meine sexuelle Energie zu spüren und zu leben?

Was hindert mich, meine Sexualität zu leben?
Welche Tabus und Moralvorschriften hindern mich?
Wie kann ich sie aus dem Wege räumen?
Ist meine Sexualität frei oder zwanghaft?
Läuft sie immer nach einem bestimmten Schema ab?
Ist meine Sexualität mit dem Herzen verbunden?
Kennst Du das: Du verliebst Dich öfters, aber Deine Sexualität bleibt tot – oder Du bist ganz scharf auf jemanden, aber Dein Herz rührt sich nicht?

Ein weiterer Schritt ist, zu lernen, die eigene Triebhaftigkeit, falls sie im Vordergrund steht, jeweils zurückstellen zu können. Denn wenn ein Mensch davon abhängig ist, seine Triebe zu befriedigen, ist er nicht mehr in der Lage, andere Ziele zu verfolgen. Das gleiche ist der Fall, wenn einer oder beide sex-süchtig sind, denn dann ist ihre Sexualität nicht mehr Ausdruck ihrer Beziehung, sondern eine reine Sucht-Befriedigung, die mit dem anderen Menschen wenig zu tun hat. Auch hier ist es wichtig, diese Sucht zuerst einmal zu bearbeiten und zu überwinden.

Außerdem ist es nötig, daß Frau und Mann lernen, offen und ehrlich aufeinander zuzugehen, ihr Herz füreinander zu öffnen und eine Verbindung zwischen sich entstehen zu lassen, in der sie lernen wollen, sich zu lieben und das abzubauen, was ihrer Liebe im Wege steht. Denn eine intensive Sexualität braucht als Grundlage eine intensive, lebendige, offene Beziehung und sollte Ausdruck ihrer Liebe und Innigkeit sein. Erst dann können sich beide in ihrer Verbindung geborgen und sicher fühlen und sich beim Sex wirklich fallen lassen. Diesen Zustand müssen sich Frau und Mann häufig erst gemeinsam erarbeiten, da bei den meisten Menschen eine Trennung zwischen ihrem

Herzen und ihrer Sexualität besteht und sie nicht gewohnt sind, sich einem Partner ganz hinzugeben.

Wenn ihr Sex weniger wird oder versiegt, können sie das als Zeichen nehmen, daß es nötig ist herauszufinden, was ihrer Beziehung im Moment im Wege steht.

Es gibt aber auch Paare, die ihre nicht-funktionierende Beziehung mit übersteigertem Sex überdecken, oder Paare, deren sexuelle Anziehung nur Ausdruck ihres Triebes ist, und andere, die sich ausschließlich über Sex ausdrücken können. Alle diese Paare können sich über ihre Sexualität den Zustand ihrer Beziehung verdeutlichen.

Es gilt auch, Besitzansprüche am anderen, die jeder mehr oder weniger bewußt aufgrund der alten Machtstrukturen zwischen Frau und Mann verinnerlicht hat, sich zu verdeutlichen und sie im Laufe der Zeit abzubauen.

Es ist wichtig, sich in einer intensiven Beziehung ganz auf den anderen einzulassen, ohne ihn zu kontrollieren oder ihn einzuschränken oder besitzen zu wollen. Wenn die Beziehung innig genug ist, wird sich jeder so zum anderen hingezogen fühlen, daß er von sich aus – ohne einen Zwang oder eine Regel – kein Verlangen hat, seine Sexualität mit einem anderen Menschen zu leben. Sollte es einer von ihnen oder beide dennoch bei irgendeiner Gelegenheit tun, würde ihre Beziehung darunter nicht notwendigerweise leiden. Sie könnten gemeinsam an dem arbeiten, was bei jedem an Gefühlen oder in Form von Mustern und Programmen hochkommt.

Lebt ein Paar seine Sexualität nicht oder nicht ausreichend, sinkt die Energie von beiden und sie gehen innerlich mehr auf Distanz und werden teilnahmslos. Als Folge davon sind sie mehr am Rechthaben und Kämpfen interessiert. Sie sehen gegenseitig mehr ihre Schattenseiten und was ihnen aneinander nicht gefällt, so daß es zu mehr Aggressionen und Streitereien kommt. Gleichzeitig macht sich in jedem von ihnen eine immer stärker werdende Unzufriedenheit breit, die sich in alle Richtungen ausbreiten kann.

Unser aller Streben sollte dahin gehen, Sexualität und Herz in Einklang zu bringen, denn dadurch könnten wir unseren Sex befreien und die Herzlosigkeit und den Sport beim Sex überwinden. Das würde uns gleichzeitig ermöglichen, ein klares und anderes Verhältnis zu unseren Aggressionen zu bekommen, indem wir sie auf der einen Seite entladen und sie auf der anderen Seite wesentlich reduzieren können. Denn Aggression und Sexualität haben die gleiche Grundenergie. Gesunde Sexualität ist die Transformation von Aggression. Sie ist die Erweiterung: Aggression ist gegen jemand, Sexualität ist mit jemandem.

Sexualität, die beide Partner wollen, ist daher ein Hilfsmittel, um Konflikte zu entschärfen und zu lösen.

Unsere Entwicklung könnte dahin gehen, daß Sexualität zu einem offen gelebten Lebensgefühl wird, das uns beflügelt und das wir gerne mit einem anderen Menschen teilen wollen.

•

— *Wieviel Stunden pro Tag spürst Du Deine Sexualität?*
— *Inwieweit lebst Du Deine Sexualität?*
— *Was steht Dir im Wege, sie zu leben?*
— *Ist Sexualität für Dich ein notwendiges Abreagieren oder Teil Deines Ausdrucks?*
— *Drückt sich in deiner Sexualität Dein Frau-Sein aus?*
— *Inwieweit ist dies eine Rolle?*

6. Die Mutterrolle als besondere Erfahrung des Frau-Seins

Liebe
Hingabe
Loslassen

Die Mutterrolle hat eine starke biologische Verankerung. Dadurch, daß es der Frau vorbehalten ist, ein Kind auszutragen und es zur Welt zu bringen, ist ihre Rolle sehr viel zwingender, aber auch intensiver als die des Vaters.

Für jede Frau ist das Mutter-Sein die Chance, ihre Weiblichkeit voll zur Entfaltung zu bringen und gleichzeitig ein einzigartiges Wachstumsangebot und eine starke Herausforderung, sich auf eine ganz besondere Weise zu erfahren und zu erweitern. Sie kann unter anderem ein Stück weit ihre Wunden aus der Kindheit heilen, indem sie diesem Kind das gibt, was sie nicht bekommen hat. Wenn sie sich auf die Herausforderung des Mutter-Seins einläßt, wird kaum eine Erfahrung ihr Leben so radikal verändern. Denn sie kann sich diesem Menschen, sobald er da ist, nicht entziehen, außer sie gibt ihr Kind weg. Gleichzeitig wird ihr kaum ein Mensch jemals so nahekommen. Und genau in dieser Nähe wird sehr deutlich, wer sie ist und vor allen Dingen, wo sie in in ihrer Entwicklung steht, z. B. welche der weiblichen Qualitäten sie schon entwickelt hat und welche noch nicht, und es wird sich zeigen, wie beziehungs- und liebesfähig sie bereits ist.

Ein Kind ist jedoch nur ein Lernangebot, es bietet keine Garantie für eine Veränderung. Die Schwierigkeiten, die eine Mutter hat, werden sich auch durch das Kind nicht auflösen, sondern können sich sogar verstärken.

Da sie von ihrer Hauptanlage her auf das Mitmenschliche ausgerichtet ist, ist sie mit einem Kind voll in ihrem Element. Sie kann Kontakt machen, sich austauschen, zärtlich sein und ihre weiblichen Qualitäten, die alle der Mitmenschlichkeit dienen, voll leben. Besonders im Austausch mit einem Mädchen fühlt sie sich häufig wohler als mit ihrem Mann, da nichts Fremdes zwischen ihnen liegt.

Eine weitere Herausforderung des Mutter-Daseins ist, daß sie trotz allem Einlassen auf das Kind sich selbst nicht vernachlässigt und ihre eigenen Wünsche, Ziele und Interessen im Auge behält und sie auch lebt.

In der Beziehung zu ihrem Kind wird der Mutter eine Menge Flexibilität, eine große Konflikt- und Lernbereitschaft und ein ständiges Lernen abverlangt. Sie muß lernen, sich in ihr Kind einzufühlen, ihr Kind zu verstehen, es zu lieben, geduldig zu sein, mit Nähe und Distanz, mit Macht und Ohnmacht usw. umzugehen.

Gleichzeitig braucht sie viel Ausdauer und eine große Hingabefähigkeit, um für das Kind in jeder Lebenslage dazusein und es großzuziehen. Außerdem ist sie nie mehr allein, außer in den Stunden oder Tagen, wo eine andere Person sich mit dem Kind abgibt. Sie ist voll für diesen kleinen Menschen verantwortlich und muß immer wieder mit ihm/ihr klar kommen, egal wie sich das Kind entwickelt und wie es sich letzten Endes verhält und sich in seinem Verhalten und Wesen zeigt.

Dieser Erfahrungs- und Lernprozeß gibt ihr die Möglichkeit, ihren Egoismus, den sie wie jeder Mensch mehr oder weniger hat, abzubauen und sich voll in gebender Weise auf einen Menschen einzulassen und das Du und das Wir zu leben. Die Mutter hat durch das Kind wieder einmal die Chance, sich ganz für einen Menschen zu öffnen, ihn zu lieben oder lieben zu lernen. Wenn sie sich auf diesen Prozeß schon mit dem Vater des Kindes eingelassen hat oder darin sogar schon fortgeschritten ist, ist es um so besser für das Kind.

Durch das Kind bekommt sie die unterschiedlichsten Lernangebote. Eines davon ist, das ganze Leben des Kindes, in welcher Form es auch immer auf sie zukommt, sei es in Tränen, Eigensinn, Freude, Wut, oder Eifersucht, immer im Bewußtsein ihrer eigenen Grenzen, zuzulassen und annehmen zu lernen. Und so gesehen kann das Kind, falls es seine Gefühle lebt, dazu beitragen, daß die Mutter ihre Grenzen ständig erweitert und Stück für Stück über sich hinauswächst.

Im Grunde genommen ist das Leben mit dem Kind für die Mutter, wie für den Vater, falls er anwesend ist, ein starker Selbsterfahrungsprozeß. Vorausgesetzt, die Mutter ist bereit, sich in der Beziehung zu ihrem Kind zu erkennen und sich immer wieder bewußt zu machen, wie sie mit dem Kind umgeht, wann sie es annimmt und wann nicht, wo sie prinzipienhaft ist, wo sie das Kind nicht anerkennt, wo sie verständnisvoll, wo sie einsichtig ist usw. Auf diese Weise kann sie sehr viel über sich und den Standort ihrer Entwicklung erfahren. Natürlich hat auch das Kind die Chance, sich an seiner Mutter zu erfahren und kennenzulernen. Es braucht jedoch die Anleitung seiner Mutter, um sich seiner Person bewußt zu werden. Können Mutter und Kind diesen Erkenntnisprozeß gemeinsam machen, ist er für beide sehr viel fruchtbarer und schafft zwischen ihnen sehr viel Nähe und Vertrauen.

Wieder ein anderes Lernfeld ist, die Bedürfnisse des

Kindes zu erspüren, zu berücksichtigen und auf das Kind jeweils einzugehen, dabei aber gleichzeitig auf die eigenen Grenzen zu achten.

Diese Bedürfnisse sind natürlich bei einem Jungen oder einem Mädchen verschieden, es ist daher für sie notwendig, daß sie die Verschiedenartigkeit kennt und sie auch berücksichtigt.

Sie hat die besonders schöne Aufgabe, einem Menschen das Leben zu erklären, z. B. daß das Kind eine Seele hat und was es heißt, auf diesem Planeten zu leben, und es ins Leben einzuführen und ihm neben den äußeren Lernaufgaben auch sein Inneres nahezubringen, z. B. zu fühlen und diese Gefühle zu benennen, zu begreifen und zu zeigen, offen und ehrlich zu sein, in Kontakt zu treten, mutig zu sein, mit sich und anderen eine Beziehung einzugehen, Probleme zu erkennen und sie zu bewältigen. Diese Aufgabe kann sie natürlich nur von ihrem Standort der Entwicklung aus tun, deswegen ist es auch so wichtig, daß sich eine Frau schon vor der Zeugung ihres Kindes um ihre Entwicklung kümmert, oder bereits so entwickelt ist, daß sie sich im Zustand der Liebe befindet, oder auf dem Weg dorthin ist. Je besser sie das Leben schon kennt und je mehr Bewußtsein sie über sich und ihr Leben zulassen kann, um so mehr kann sie ihrem Kind natürlicherweise beibringen. Dabei ist entscheidender, was sie dem Kind vorlebt, als das was sie sagt. Denn nur das, was sie selber lebt, wird ihr Kind motivieren.

Es liegt an ihr *und* dem Kind, ob ihre Beziehung eine Quelle der Freude ist, oder ob sie sich gegenseitig das Leben schwer machen, besonders wenn das Kind schon älter ist. Ein wichtiger Blickpunkt ist jedoch immer, das Kind als Resultat meines Umgangs mit ihm anzuschauen.

Die Entscheidung für ein Kind

Bei den nächsten Punkten ist ausschließlich von der Mutter die Rede. Das soll aber nicht heißen, daß der Vater nicht eine genauso wichtige Rolle spielt. Er kann unter anderem wesentlich dazu beitragen, daß das Kind Geborgenheit und Liebe erfährt und die Mutter sich mit ihrer Aufgabe nicht alleine fühlt.

Der Erfahrungsprozeß einer Mutter fängt bereits damit an, *wie* sie Mutter wird: überläßt sie es dem reinen Zufall, oder entscheidet sie, wann und von wem sie ein Kind möchte? Bereitet sie sich innerlich darauf vor? Aus welchen Motiven heraus will sie Mutter werden, mehr aus egoistischen Motiven heraus, wie: einen Menschen ganz für sich zu «haben», oder nie mehr allein zu sein, oder weil sie ein Kind so süß und lebendig findet, oder weil eine Frau einfach ein Kind braucht, oder um ihrem Mann zu gefallen oder ihn an sich zu binden? Oder will sie lernen, für einen anderen Menschen dazusein? Oder will sie einer Seele die Chance geben, ihren Wachstumsprozeß hier auf der Erde zu machen? Welche Vorstellungen und Illusionen verbindet sie mit dem Kind, soll es sie z. B. glücklich machen, oder ihr Leben erfüllen, verspricht sie sich dadurch eine stärkere Verbindung zu dem Vater des Kindes oder daß er dann bei ihr bleibt? usw.

Nach der Zeugung

Zuerst einmal erlebt die Mutter nach der Zeugung, daß durch die Seele ihres Kindes mehr Licht bei ihr ist. Das kann eine sehr beglückende Erfahrung sein. Denn durch diesen Zuwachs an Licht wird sie mehr Freude, Heiterkeit und Optimismus erleben, vorausgesetzt natürlich, daß sie diese Gefühle und auch die Veränderung, die mit ihr passiert, in sich zulassen will.

Jetzt wird deutlich, ob sie das Kind annimmt, ob sie sich darauf freut, ob sie sich Ängste macht, ob sie zu zweifeln beginnt, ob sie überhaupt ein Kind haben will, oder ob sie Mutter sein will.

Schon jetzt wird sichtbar, wie sie in der Beziehung zu dem Kind ist: aufmerksam – unaufmerksam, weich – hart, liebevoll – lieblos, annehmend – ablehnend. Ob sie sich für das Wohlergehen des Kindes, obwohl sie es noch nicht sehen kann, einsetzen will, indem sie auf eine krankmachende Lebensführung mit ungesunder Nahrung und Zigaretten-, Kaffee- und Alkoholgenuß, Arbeit vor einem Computer u. ä. verzichten will.

Und auch das Kind bringt schon erste Eigenschaften in die Beziehung ein: aktiv – passiv, heiter – verdrossen, kräftig – schwach, friedlich – nervös. Hier zeigt sich wieder, wie die Mutter damit umgeht und ob sie bereit ist, sich auf das Kind einzustellen.

Bei der Geburt

Bei der Wahl des Geburtsortes zeigt es sich, was sie dem Kind für einen Empfang in sein neues Leben geben will: Bleibt sie zu Hause und bereitet dem Kind ein warmes Nest mit dem Vater des Kindes und lieben Freunden, oder geht sie an einen ähnlichen Ort, oder ist es ihr egal, wo das Kind zur Welt kommt und achtet sie auch nicht auf die Atmosphäre wie z. B., ob in einem Krankenhaus die Ärzte und Krankenschwestern eher hart und herzlos sind?

Bei der Geburt zeigt es sich, wie sehr sie sich dem Geburtsvorgang hingeben kann, wie locker oder verkrampft sie ist, wieviel Vertrauen sie in ihren Körper hat, wieviel

Schmerzen sie aushalten und ob sie das Kind wieder loslassen will. Und natürlich, ob sie sich über das Kind freuen kann und was es in ihr auslöst, diesen kleinen Zwerg wahrhaftig vor sich zu sehen. Will sie das Kind stillen, oder hat sie keinen Bezug dazu?

Wenn die Mutter einigermaßen reif ist, wird das Kind sehr viel Hingabe in ihr auslösen: «ich bin ganz da für Dich», «ich tue alles, was Du brauchst». Von ihrer Entwicklung wird es abhängen, ob sie das Kind nur oberflächlich sieht in dem, was es braucht, ihm immer nur einen Schnuller, etwas zu essen oder zu trinken anbietet, oder eine frische Windel macht, oder ob sie sieht, wann das Kind Ansprache, wann Zärtlichkeit, wann Herausforderung, oder wann es Gehaltensein braucht.

Die Beziehung zum Kind

Die Mutter geht mit dem Kind, wie sie es bei ihrer eigenen Mutter erlebt hat, eine Symbiose ein und begibt sich in ein Gefüge: ich und Du = wir und verhält sich dabei rund, annehmend, sorgend, fühlend, wozu jede Mutter auf einer sehr unbewußten Ebene fähig ist. Sie schafft das jedoch nicht, wenn ihr alles zuviel ist und sie das Kind in seiner Hilflosigkeit und Abhängigkeit von ihr nicht annehmen kann. Sie wird ihrem Kind all die Zärtlichkeit, Aufmerksamkeit und Geborgenheit geben, die sie als Kind auch erfahren hat. Selten geht es über dieses Maß hinaus. Das Kind kommt natürlich auch aufgrund seiner Vorleben mit seiner eigenen Geschichte auf die Welt und verhält sich entsprechend. Wenn es z. B. sehr viel Angst mit in dieses Leben bringt, wird das Kind entsprechend ängstlich auf die Welt reagieren.

Das Mutter-Sein wird häufig erst dann für eine Mutter

schwierig, wenn sie an ihre eigenen oder an die Grenzen ihres Kindes stößt, was häufig dann passiert, wenn das Kind älter wird. Jetzt kommt es darauf an, wie die Mutter mit ihren Grenzen umgeht, welche für sie unverzichtbar sind und welche sie bereit ist, aufzugeben, z. B. ob sich ihr Kind schmutzig machen darf, auch wenn es ihr nicht gefällt, oder ob ihr Kind lange aufbleiben darf, ob es widersprechen oder trotzig sein darf usw. Was macht sie, wenn ihr Kind nur bestimmte Kleider anziehen will, bestimmte Nahrung nicht essen will? Geht sie dabei auf das Kind ein oder bestimmt sie über das Kind? Gibt sie dann dem Kind nur nach, oder findet sie mit ihm zusammen eine verantwortungsvolle Lösung?

Mit einem Mädchen wird es die Mutter meistens sehr viel leichter haben als mit einem Jungen, der sich schon frühzeitig von der Mutter abwendet.

Auf jeden Fall muß eine Mutter lernen, daß ihr Kind ein eigenes Leben hat und leben will, besonders wenn es schon größer ist und noch bei der Mutter oder den Eltern wohnt. Das verlangt von ihr immer wieder neu das Loslassen von ihren eigenen Ideen, Vorstellungen, Ansprüchen, Prinzipien, Moralvorstellungen usw. Sie wird sich dabei am leichtesten tun, wenn sie die Bereitschaft entwickelt, das Kind zu verstehen und es in seinem eigenen Ausdruck und Wesen anzunehmen und dennoch dem Kind mit Rat und Tat zur Seite zu stehen, wenn es danach verlangt oder wenn es lebensnotwendig ist.

Das Endstadium dieser Beziehung ist dann das völlige Loslassen, da möglicherweise das Kind, das inzwischen erwachsen ist, sein Leben ganz ohne die Mutter oder weit weg von ihr leben will. Diese Phase der Trennung ist für eine Mutter besonders schwierig und schmerzhaft, wenn sie nur für das Kind gelebt und ihr eigenes Leben dafür zurückgestellt hat.

Gerade diese Mütter halten dann krampfhaft an ihrem Kind fest und wollen es nicht loslassen, weil sie Angst vor ihren eigenen Leere haben oder ihren Lebenssinn nicht verlieren wollen.

Leider sind jedoch nur wenige Mütter bewußt und verstehen dadurch ihr Mutter-sein nicht als einen Erkenntnisprozeß, in dem es darum geht, sich selbst zu sehen und ständig zu erweitern, sondern gehen unbewußt mit ihrem Kind genauso um, wie sie es bei ihrer Mutter erlebt haben und vergessen dabei häufig, wie sie sich damals mit ihrer Mutter gefühlt haben. Sie wissen nicht, daß es andere Umgangsmöglichkeiten mit ihrem Kind gibt und daß sie diese erlernen könnten.

Lernt eine Mutter jedoch nicht mit ihrem Kind oder das Kind nicht mit seiner Mutter, ist ihre Beziehung häufig sehr bald äußerst anstrengend und die Freude aneinander schwindet zusehens. Außerdem zehrt ein daraus resultierendes schwieriges Kind erheblich an den Nerven. Viele Mütter sind daher schon nach einigen Jahren völlig ratlos oder verzweifelt mit ihrem Kind und versuchen mit Macht, die Probleme mit dem Kind in den Griff zu bekommen, was die Situation natürlich eher verschärft, da sich das Kind dagegen meistens auch mit Macht wehrt oder noch unzugänglicher wird. Das hat die traurige Geschichte zur Folge, daß sich Kind und Mutter auseinanderleben, bevor sich zwischen ihnen eine tiefe Beziehung entwickeln konnte.

Was vielen Müttern auch noch im Wege steht, ist, daß sie aufgrund der Erfahrungen mit ihrer Mutter beschlossen haben, nicht wie diese sein zu wollen. Da sie sich über ihre eigene Mutter jedoch nicht hinausentwickelt haben und gleichzeitig den Anspruch leben, eine gute Mutter sein zu müssen, ohne genau zu wissen, was das heißt, macht es sie natürlich anfällig und manipulierbar für jede Art von Ratschlägen, besonders von Fachleuten oder «schlauen» Müttern. Das hat in der letzten Generation der Mütter dazu geführt, daß sie u. a. ihre Kinder nachts durchschreien ließen, weil sich angeblich ihre Lungen dadurch stärkten, was möglicherweise sogar der Fall war, aber große psychische Schäden in dem einzelnen Kind zurückgelassen hat. In der heutigen Zeit schaden viele Mütter ihren Kindern, indem sie sie mit den verschiedensten Impfungen vollpumpen lassen, weil sie angeblich nur so gesund bleiben, oder sie unterwerfen ihr Kind einem großen Leistungsstreß u. a. durch die Schule, weil angeblich ihr Kind nur mit guten Noten, mit Gymnasium und Studium im Leben weiterkommt und tragen so dazu bei, daß das Kind häufig schon am Anfang seines Erdendaseins die Freude am Leben verliert – um nur einige Beispiele zu nennen.

Die Erziehung eines Kindes

Der richtige Maßstab für die Erziehung eines Kindes sollte immer im Kind selbst liegen. Selbst Babys können schon mit wenigen Tagen zeigen, was sie brauchen, was ihnen fehlt, was ihnen Spaß macht. Eine Mutter braucht viel Einfühlungsvermögen und Sensibilität für das Kind. Beides kann sie schulen, wenn sie lernt, auf ihr Kind zu hören, um herauszufinden, was das Kind braucht, was es fühlt, denkt und wie es sich bewegen und was es entdecken und vom Leben erleben will. Und indem eine Mutter lernt, auf die Bedürfnisse ihres Kindes einzugehen, lernt das Kind seine Bedürfnisse wahrzunehmen und wichtig zu nehmen, wodurch es mehr in Kontakt zu sich selbst kommt. Sobald das Kind sprechen kann, ist es für eine Mutter sehr viel leichter, auf ihr Kind zu hören und ihm das zu geben oder mit ihm das zu machen, wonach es verlangt. Schwierig ist es, sich von dem Kind leiten zu lassen und die eigenen Vorstellungen und Vorurteile aufzugeben.

Mütter brauchen die Bereitschaft, ihren Kindern ein Leben voller Freude zu ermöglichen und ihnen die Chance zu geben, ihr volles Potential zu entdecken und zu leben. Dafür braucht das Kind in erster Linie einen gesunden Körper, was nur über naturbelassene und frische Nahrung, ohne Zucker und Weizen, ausgiebige Bewegung und ausreichenden Sauerstoff zu erreichen ist. Außerdem braucht das Kind soviele Anregungen und Angebote wie möglich, sich an den unterschiedlichsten Menschen, Wissensgebieten und Dingen zu erfahren. Dieses Leben fängt schon bei der Geburt an; denn das, was ein Baby bei seiner «Ankunft» in dieses Leben erlebt, ist prägend für sein ganzes Leben: Das Baby kann mitbekommen, wie schön und warm das Leben ist, oder wie kalt und hart, oder wie angsterregend. Die sanfte Geburt sollte daher nicht ein Privileg für nur wenige Mütter und Kinder sein, sondern für alle Babys zur Verfügung stehen, um ihnen einen liebevollen Empfang bereiten zu können,

Es wird Zeit, daß wir unsere Kinder wieder als das sehen und annehmen, was sie sind: Ein Geschenk Gottes.

•

Wenn Du schon ein Kind hast:

— *Welche Illusionen hattest Du über Dein Kind?*
— *Was hast Du Dir von dem Kind versprochen?*
— *Welche Erwartungen hattest Du an das Kind?*
— *Lernst Du noch mit dem Kind? Wenn nein, wo lernst Du nicht?*

Wenn Du noch kein Kind hast:

— *Wie stehst Du zu einem eigenen Kind?*
— *Kennst Du die Sehnsucht, Mutter zu sein?*
— *Welche Gründe hast Du dagegen?*

Die Haltung der Frau zur Natur

Alles entspringt dem Schoß der Natur.

erleben
erfahren
Eins-Sein

Die Frau hat eine starke Verbindung mit Mutter Erde, sie will mit der Natur leben und sich in ihr erfahren, statt sie zu erforschen und zu bezwingen wie der Mann.

Sie will sich dabei als Teil der Natur erleben.

Dafür will sie in der Natur sein, rausgehen und draußen verweilen, um ganz in ihr aufgehen und sich eins mit ihr fühlen zu können.

Um in diesen Zustand des Eins-Seins zu kommen, ist es wichtig für sie, daß sie gelassen und mit der Natur vertraut ist. Dafür muß sie die Natur kennen, was sie am ehesten erreichen kann, wenn sie sich häufig in der Natur aufhält oder sogar mit ihr lebt. Wenn sie Angst in der Natur hat, kann sie diese auch mit Hilfe eines Mannes, der furchtloser ist, überwinden.

Dieses Eins-Sein mit der Natur drückt sich speziell darin aus, daß eine Frau sehr viel leichter Kontakt zu Pflanzen und Tieren herstellen und dadurch z. B. Heilschwingungen von bestimmten Pflanzen und Bäumen erspüren kann. Oder sie findet spezielle Orte in der Natur, wie Kraft-, Heil- oder Reinigungsplätze, die die Erde den Menschen zur Verfügung stellt und ihm in seiner Bewußtseinsarbeit dienen sollen. Die Frau hat dann auch ein großes Bedürfnis herauszufinden, was mit ihr an diesen Orten passiert.

Insgesamt eröffnet sich den Frauen leichter
als den Männern
ein tiefes intuitives Wissen über die Natur.

Die Frau begegnet der Natur immer gefühlsmäßig und ist ihr daher sehr nah. Sie hat einen Blick für die Schönheit der Natur und läßt sich von ihr tief berühren. Sie erkennt dabei den Eigenwert von jedem Lebewesen, ohne sich das, was sie sieht, gleich zu Nutze machen zu wollen wie der Mann.

Meistens holt eine Frau die Natur zu sich, in Form von Zimmerpflanzen oder Haustieren, oder sie legt sich einen Garten an, der zwar einen bestimmten Zweck hat, den sie aber auch unbewußt sucht, um sich mit der Natur auszutauschen, sich mit ihr zu verbünden und sich an der Schönheit und Üppigkeit zu erfreuen.

Dabei ist sie aufmerksam und bemüht, daß es die Pflanzen und Tiere bei ihr gut haben.

Insgesamt hat sie sehr viel Respekt vor dem Leben.

Diese Frau, die ich gerade beschrieben habe, ist jedoch eine mehr oder weniger entwickelte Frau, die zumindest einen wichtigen Teil ihrer weiblichen Seite gut entfaltet hat.

Eine in ihrer Entwicklung gehemmte Frau, die außerdem ihre weiblichen Qualitäten noch nicht voll entfaltet hat, hat meist wenig Kontakt zur Natur, wodurch ihr natürlich viel verloren geht. Ihr fehlt eine bestimmte Form von Befriedigung, die sie nur in der Natur erfährt.

Aber dadurch geht sie auch für das ganze menschliche Gefüge verloren.

Denn die Frau wird in diesem Jahrhundert dazu gebraucht, daß sie ihren Weitblick bezüglich der Natur einbringt und nicht länger hinnimmt, daß die Männer weiterhin so destruktiv mit der Natur umgehen und sie ausschließlich aus materiellen Gründen mißhandeln, zerstören und ausbeuten, und nicht darauf achten,welche Folgen dieses Verhalten auf das Gesamtgefüge hat und haben wird. Sie muß den Männern bewußt machen, daß die Erde ein Lebewesen ist und daß sie, einschließlich der Tiere und Pflanzen, von uns eine liebevolle und umsichtige Behandlung zum Nutzen aller braucht.

Das kann sie natürlich nur, wenn sie auch ihre männliche Energie entwickelt hat, damit sie den Männern entgegentreten und falls nötig, mit ihnen auch darum kämpfen kann.

Sie kann wesentlich dazu beitragen, daß der Umgang mit der Natur allgemein eine andere Qualität bekommt und der Erhaltung und Gesundung der Natur mehr Bedeutung beigemessen wird.

●

— *Wie stehst Du dazu, eine Pflanze als Lebewesen zu sehen?*
— *Wie stehst Du dazu, daß die gesamte Erde ein Lebewesen ist?*
— *Wie stark lebst Du Deine Sehnsucht nach Natur?*

Frau und Mann

1. Wie unterscheiden und ergänzen sich Frau und Mann?

die Umsichtige
der Treibende

Frau und Mann sind wie ein Puzzle angelegt, sie passen ineinander und ergeben gemeinsam ein Ganzes. Jeder von ihnen hat eine unterschiedliche Energie, unterschiedliche Blickwinkel, unterschiedliche Anlagen und daraus resultierend, unterschiedliche Stärken und Schwächen. Keiner ist besser oder schlechter.

Sie unterscheiden und ergänzen sich gleichzeitig. Ihre Verbindung ist die Hochzeit der weiblichen und männlichen Energie.

Doch zuerst einmal wird Verwunderung, Enttäuschung oder Angst in ihnen entstehen, wenn sie sich begegnen und sich ihrer Verschiedenartigkeit bewußt werden.

Doch indem sie zueinander finden und voneinander lernen, befruchten sie sich gegenseitig. Damit das überhaupt geschehen kann, müssen sie sich sehr tief aufeinander einlassen und bereit sein, den anderen in seiner Andersartigkeit zu erkennen und anzunehmen. Dazu ist wichtig, daß jeder seine Stärken und die des anderen kennt und begreift, wie gut sie trotz ihrer Unterschiede zusammenpassen. Indem jeder seine Eigenart bewahrt, kann er sein Energiekonzept durch das des anderen erweitern.

Wenn sich die beiden Partner sehr intensiv begegnen

und sich auf einen intensiven Wachstumsprozeß miteinander einlassen und lernen über ihren Schatten zu springen, Nähe herzustellen und Probleme zu bewältigen und gemeinsam an ihrer Entwicklung zu arbeiten, sind sie umfassend handlungsfähig.

Dadurch, daß der andere die gegensätzliche Energie vertritt, kann jeder von ihnen seine dominierende Energie – die Frau die weibliche Energie, der Mann die männliche Energie – verstärkt leben und damit seine Gesamtenergie erhöhen.

Der Verschmelzungsprozeß, den sie dabei eingehen, wird für jeden von ihnen wie eine Gratwanderung sein, zwischen sich-hingeben und sich-selber-bleiben.

Der Verschmelzungsprozeß geht dabei nur soweit, wie jeder Zugang zu sich selbst hat. Er ist nicht möglich, wenn beide nicht eigenständig sind und sich stattdessen im anderen verlieren, was man daran erkennen kann, daß sie hauptsächlich in der Wir-Form reden und, wenn sie alleine auftreten, unsicher sind.

Auf der Energie-Ebene

Die weibliche Energie neigt dazu, sich zu verzetteln, weil sie keine Richtung hat.

Die männliche Energie allein gerät sehr leicht auf Irrwege oder fährt sich fest. Das kommt daher, daß dem Mann die Umsicht, der Blick aufs Ganze und häufig das Gefühl fehlt.

ZUSAMMEN können sie ihre Energie auf ein Ziel ausrichten, wobei die Frau die umsichtige fühlende und der Mann die treibende Kraft innehat. Sie schaffen etwas zusammen, was sie alleine nur begrenzt erreichen könnten. Sie vermögen dadurch mehr bewirken, z. B. für ihr eigenes Wachstum, oder kreativer sein oder geschäftlich erfolgreicher. Sie entwickeln zusammen eine starke Durchschlagskraft.

DIE VERBINDUNG IHRER ENERGIEN WIRD ZU
EINER VIEL KRÄFTIGEREN ENERGIE
– mehr als die Summe beider Einzel-Energien

Wenn ein Mensch die weibliche und männliche Energie in sich gleichmäßig entwickelt hat, wird er auch für sich alleine Ähnliches erleben.

Und doch wird ein Paar seine Ziele viel effektiver verfolgen können.

Beim Denken

Die Frau ist das Verbindende, Erkennende, Fühlende.
Der Mann ist der Impulsive, das Trennende, das Klarheiten schafft.

Die Frau denkt emotional.
Der Mann denkt rational.

Die Frau denkt an vieles gleichzeitig,
Der Mann richtet sein Denken auf etwas Bestimmtes.

In beiden Köpfen sind verschiedene Abbildungen der Wirklichkeit. Durch ihren Zusammenschluß ist es möglich, ein großes Bild zu erhalten, das die Welt sehr viel deutlicher zeigt.

Wenn Mann und Frau gemeinsam über ein Projekt nachdenken, wie z. B. der Bau eines Hauses, wird die Frau durch ihr Denken in Assoziationen zu ungewöhnlichen Lösungen kommen, der Mann findet durch seine Klarheit heraus, welche Ideen davon realisierbar sind und setzt sie dann in die Tat um.

Der Mann hat es durch sein männliches Gehirn leichter, abstrakt zu denken und kann daher mit seinem Gedanken die Welt leichter analysieren und ordnen.

ZUSAMMEN können sie ihren jeweiligen Denkstil vervollständigen, indem die Frau das männliche Denken mitintegriert und der Mann das weibliche Denken. Das kann soweit gehen, daß sich ihre Gehirnstrukturen physiologisch angleichen.

Beim Fühlen

Der Frau sind ihre Gefühle wesentlich präsenter als dem Mann, weil sie ihr näher sind. Ihre Gefühle sind auch vielschichtiger als beim Mann, sie kann an der Oberfläche heiter sein, darunter traurig und darunter wütend. Man kann bei einer Frau leicht ihre Gefühle hervorlocken. Häufig sind sie jedoch, da sie so vielschichtig sind, schwierig zu entwirren, und trotz ihrer Stärke bleiben sie häufig unklar.

Das Fühlen der Frau entspringt oft ihren Gedanken und nicht dem, was spontan aus ihr herauskommt.

Der Mann fühlt eher diffus bis sich das wirkliche Gefühl zeigt. Dann ist er klar in seinem Gefühl. Da seine Emotionalität nicht soviel Raum in seinem Gehirn und in seinem Geist einnimmt, ist es eher schwieriger, an seine Gefühle heranzukommen, weil sie versteckter sind. Meistens merkt ein Mann nur, daß mit ihm etwas los ist, aber er weiß nicht was. Wenn sein wahres Gefühl sich zeigt, ist es klar und ergreifend und hat häufig mehr Tiefe als bei der Frau. Das Gefühl kann man dann auch leichter durchschauen und benennen.

Die Frau muß auf diesem Gebiet die Führung übernehmen, weil sie mehr am Fühlen und am Mitmenschlichen orientiert ist und ihr auch die Gefühle, im Gegensatz zum Mann, sehr wichtig sind.

Es ist jedoch eine sehr schwierige Aufgabe für die Frau, den Mann dazu zu bringen, sich ihrer Führung hinzugeben, da die meisten Männer ihre Hingabefähigkeit verloren haben. Es ist wichtig für eine Frau, diese Aufgabe anzunehmen, auch wenn sie keine Gewissheit hat, ob der Mann sich ihr auf Dauer anvertrauen will.

Die einzige Möglichkeit, die sie hat, ist selber offen zu bleiben, in Kontakt mit sich zu sein und dem Mann gegenüber annehmend zu bleiben. Möglicherweise kann dann der Mann mit der Zeit begreifen, daß die Frau ihm nichts Schlechtes, z. B. ihn nicht unterdrücken oder seiner Freiheit berauben will, sondern daß sie ihn nur herausfordert, mehr zu fühlen, was er für sein Leben ebenso braucht wie die Frau. Möglicherweise muß er, um seine Hingabefähigkeit zu entwickeln, an vielen seiner männlichen Programmierungen arbeiten, wie an seinem Stolz, seiner Vorstellung von Männlichkeit, seiner Gewaltbereitschaft und seinem Machtanspruch, um sie Schritt für Schritt abbauen zu können.

Läßt sich der Mann jedoch darauf ein, kann ihm die Frau durch ihr Mitfühlen helfen, seine Gefühle zu benennen und durch sie Erkenntnisse über sich zu gewinnen. Dadurch kann er sich und die Welt besser verstehen lernen, und natürlich auch seine Frau; ein wichtiger Schritt für ihn, da sich die Realität mit unklaren oder fehlenden Gefühlen weder klar, noch vollständig erfassen läßt.

ZUSAMMEN erweitert sich ihr Horizont – vorausgesetzt beide tauschen sich aus. Sie können gemeinsam sehr viel Tiefe erleben und sich gefühlsmäßig verstehen lernen. Ihre Wachstumschancen sind größer, weil sie mehr voneinander begreifen. Die Frau kann durch ihre Führung mehr Selbstvertrauen und Selbstbewußtsein entwickeln.

Ängste

Die große Chance einer guten Beziehung liegt nicht zuletzt darin, daß beide ihre Ängste auf einem anderen Gebiet haben und sich so gegenseitig unterstützen können, sie zu überwinden.

Die Frau hat meist mehr Angst vor äußeren Dingen, z. B. sich der Natur auszusetzen, der Mann mehr vor inneren Dingen, z. B. vor dem Ärger seiner Frau oder seines Chefs. Häufig hat er jedoch seine Ängste verdrängt, weil sie zu seinem Bild eines Mannes nicht passen. Daher nimmt er seine Ängste zum Teil gar nicht mehr wahr.

Da der Mann gewohnt ist, mutig und gezielt zu handeln, sorgt er durch seine Stärke für ihre Sicherheit, wenn sie z. B. mit ihm durch dunkle Straßen geht oder im Wald herumläuft. Außerdem kann er die Frau durch seine Stärke und Sicherheit unterstützen, daß sie sich ihren Ängsten stellt, indem er sie an die Angst heranführt und sie durch die Angstsituation begleitet, z. B. wenn sie Angst hat, in der freien Natur zu schlafen.

Die Frau hingegen kann den Mann dazu ermutigen, vor seinen Angstsituationen nicht davonzulaufen. Unterstützen kann sie ihn dabei, indem sie nicht genau das vermeidet, wovor er Angst hat, z. B. sich über ihn zu ärgern, sondern ihm diese Situationen zumutet.

ZUSAMMEN können sie lernen, ihre Ängste zuzulassen, ihnen jedoch nicht nachzugeben, indem sie bestimmte Situationen oder Handlungen vermeiden.

Wahrnehmung

Die Wahrnehmung einer Frau ist breiter gefächert, sie hat eine eher sprunghafte Wahrnehmung.

Der Mann hat eher eine detaillierte, sehr gerichtete, ausgrenzende Wahrnehmung. Er kann sich mehr auf einen Ausschnitt der Realität konzentrieren.

ZUSAMMEN erweitert sich ihre Wahrnehmung erheblich: Die Frau sieht durch den Mann manches tiefer und genauer und mit mehr Konzentration. Der Mann bekommt durch die Frau eine umfassendere Sicht und einen Blick für das Mitmenschliche. Beide können zusammen mehr erkennen.

Auf der körperlichen Ebene

Die Frau ist auch körperlich das Runde, die Hingabe. Der Mann ist körperlich der Pfeil, die Kraft.

Die Frau geht mit ihrem Körper gefühlvoll, einfühlsam, aber disziplinlos um. Der Mann hat einen disziplinorientierten Umgang mit seinem Körper. Er sorgt für ihn, indem er ihn trainiert. Dem Mann fehlt aber der feine, einfühlsame Umgang.

Es gibt jedoch schon immer mehr Frauen, die ihren Körper auch regelmäßig trainieren und Männer, die mit ihrem Körper auch einfühlsam umgehen.

Beide brauchen ihre gegenseitigen Körperenergien, um in die Tiefe zu kommen, zum Beispiel um mehr zu fühlen, sich fallen lassen zu können oder sich geborgen zu fühlen. Wobei manchmal schon die Anwesenheit des Partners reicht.

Wichtig ist, daß die Körperenergie der beiden ins Fließen kommt und ein gleichmäßiger Energiefluß entsteht. Dieser Fluß kommt durch jede Art von wirklichem Austausch zustande, sei es durch Sex oder miteinander Reden, selbst durch einen intensiven Brief- oder Telefonkontakt ist das möglich.

Ohne den gemeinsamen Körperkontakt würde sich die Frau leicht in Oberflächlichkeit und Sentimentalität verlieren und der Mann würde in Trockenheit und Gefühllosigkeit, manchmal in Gewalt versinken. Männer die keinen Sex leben, sind sehr stark gefährdet, daß sich ihre Gewalt eines Tages entfesselt – das ist einer der Gründe, warum in Kriegszeiten Frauen verstärkt vergewaltigt werden.

Durch ihre gemeinsame Sexualität weichen die Körperverspannungen auf. Die Körper reinigen sich und Ablagerungen bauen sich ab.

ZUSAMMEN kann jeder von ihnen seinen Bezug zum Körper wesentlich erweitern. Frau und Mann können durch ihren gemeinsamen

Sex erleben, daß ihre gesamte Energie im Körper fließt und können Schritt für Schritt in ein gemeinsames Wellenmuster ihrer Körperschwingungen kommen. Dadurch entstehen starke Glückserlebnisse und ein Gefühl des Verschmelzens. Der Körper heilt sich immer mehr und mitunter kommt es beim Sex durch die hohe Körperenergie zu Spontanheilungen.

Ziele

Eine Frau verfolgt meistens lieber innere Ziele. Der Mann hat den Hang, äußere Ziele zu verfolgen und ist dabei häufig an Status, Macht und Geld orientiert, jedoch wenig an sich selbst.

Wenn der Mann die Macht hat, verliert sich eine Familie häufig in den äußeren Zielen des Mannes und die Frau lebt ihre Ziele in Groschenromanen, Weihnachtsfeiern und Bastelabenden.

Bestimmte Ziele würde jedoch ein Mann mit einer Frau, die ihre Weiblichkeit lebt und sich mit ihren Wünschen einbringt, nicht verfolgen, z. B. möglichst viel Geld in möglichst kurzer Zeit zu verdienen. Denn sie würde dafür sorgen, daß sein Arbeiten einen bestimmten Sinn verfolgt und den Mann noch leben läßt, ihm Freiraum gibt, zu fühlen und Zeit für ihre Beziehung zu haben.

Außerdem ist ein Mann, der eine erfüllte Beziehung hat, nicht mehr so an Macht interessiert.

ZUSAMMEN können sich ihre Ziele annähern und sie können ein Ziel wählen, das mit beiden im Einklang steht, z. B. die inneren und äußeren Ziele verbindet, so daß sie gemeinsam eine wirkliche Veränderung und eine neue Richtung erfahren können, die sie zu mehr Tiefe und Menschlichkeit führt.

Dabei kann die Arbeit des Mannes zu einem Werkzeug werden, damit die inneren Ziele der Frau sich im Außen manifestieren können – und umgekehrt ist ihre Inspiration Orientierung für sein Handeln.

Beides muß jedoch von beiden getragen werden, wobei jeder seine Richtung einbringt. Die Gefahr ist dabei, daß einer sein Ziel aufgibt und das Ziel des anderen blind übernimmt, was der gemeinsamen Sache sehr schaden würde, da dann seine Energie fehlt.

Häufig schafft es der Mann erst durch das gemeinsame Ziel, auch an seine eigene Persönlichkeit und Entwicklung zu denken, weil für ihn erst durch die Frau sein Inneres in sein Bewußtsein rückt.

Gleichgewicht

Die Frau strebt immer nach Gleichgewicht und vermeidet alles oder räumt alles schnellstmöglich aus der Welt, was sie ins Ungleichgewicht bringt oder bringen könnte.

Daher kann sie sehr viel schwerer Druck in Form von Ansprüchen, Ungereimtheiten, Unsicherheiten, Unklarheiten, oder auch schwerer Unordnung ertragen, oder die Ungewißtheit, woher sie Geld für Essen und Wohnen bekommt. Deswegen sucht sie auch immer nach einer festen Beziehung, oder will genau wissen, wann sie ihren Freund oder Mann wiedersehen wird.

Ungewißheit bringt die Frau ins Ungleichgewicht und verhindert den freien Fluß in ihrer Wahrnehmung, in ihrem Fühlen und Handeln.

Die Frau will, daß etwas fertig ist, brauchbar ist,
ordentlich ist,
klar ist.

Der Mann hingegen sucht das Ungleichgewicht als eine treibende Kraft für ihn, die ihm eine bestimmte Richtung gibt. Für ihn ist das Ungleichgewicht eine Herausforderung. Sein «Pfeil» wird dadurch gespannt.

Je stärker sein Ungleichgewicht, um so deutlicher sieht er seine Richtung, z.B. sind Schulden für einen Mann fast etwas Beruhigendes, denn dadurch hat er eine klare Richtung, nämlich seine Schulden zu bezahlen. Eine Frau hingegen bringen Schulden ins Ungleichgewicht:

Der Mann will an ein Ziel kommen,
etwas verändern,
etwas schaffen,
etwas durchstehen,
eine Aufgabe haben.

ZUSAMMEN erfahren beide mehr Gleichgewicht.

Die Frau muß lernen, mehr Ungleichgewicht zuzulassen, daß mal etwas unordentlich oder unfertig bleibt. Durch seine Sicherheit kann der Mann der Frau einen Teil des Ungleichgewichts abnehmen. Dabei hat er in der Frau einen ruhenden Pol, der es ihm ermöglicht, mehr Ungleichgewicht durchzustehen und sich auch mal kurze Zeit im Gleichgewicht auszuruhen. Aber er behält seine Spannung.

Der Mann muß lernen, mehr Gleichgewicht zu schaffen, indem er Dinge beendet, seinen Gefühlen mehr

Raum gibt. Denn dadurch kann er zu mehr Gleichgewicht kommen und Spannungen auflösen. Beide lernen dabei, sich und dem Leben zu vertrauen.

Es gibt noch eine Menge kleinerer Unterschiede: Der Mann setzt etwas Neues in die Welt, aber er braucht die Frau, um es zu erhalten, z. B. ein Kind. Die Frau schweift erst aus, z. B. in einem Gespräch, – der Mann geht schnell zur Sache. Die Frau sucht Verstehen – der Mann sucht Lösungen.

Die gemeinsame Bereicherung ist unermeßlich und bei jedem Paar wieder ganz anders, aber Frau und Mann können gemeinsam, wenn sie einen intensiven Austausch mit ihrem Partner eingehen, im wahrsten Sinne Berge versetzen.

Die hier beschriebenen natürlichen Unterschiede werden zum Teil von der Gesellschaft erkannt und gefördert, zum Beispiel durch die Arbeitsteilung, daß der Mann in die Welt, in die «Gefahr» hinausgeht und die Frau sich im Sicheren aufhält und es bewahrt und für die Kinder sorgt. Aber daß eine Frau programmiert wird, ausschließlich diesen Teil des Lebens zu leben, selbst wenn es sie zu anderen Tätigkeiten zieht, entspricht nicht ihren Möglichkeiten und läßt sie nicht wachsen.

•

— *Bist Du Dir deiner Besonderheit, eine Frau zu sein, bewußt?*
— *Empfindest Du es als störend, daß Dein Partner anders ist wie Du?*
— *Welche Erfahrungen hast Du mit dem anderen Geschlecht gemacht?*
— *Welche Möglichkeiten würde Dir mehr Männlichkeit im Leben eröffnen?*

2. Die Lernaufgaben mit einem Mann

Offenheit
Hingabe
Liebe

Sobald eine Frau mit einem Mann zusammenkommt, muß sie zuerst einmal begreifen, daß der Mann keine Frau ist und zum Beispiel nicht am Menschlichen so interessiert ist wie sie, sondern daß seine Welt hauptsächlich aus Dingen und Tun besteht. Wenn sie über diesen Schock hinweggekommen ist, kann sie sich dem zuwenden, was sie mit ihm zu lernen hat, und das ist eine Menge.

Es gibt für die Frau eine ganz spezielle, herausragende Haupt-Lernaufgabe mit einem Mann, für die sie schon eine gewisse Reife und natürlich die Bereitschaft braucht, sich auf diesen für sie möglicherweise nicht ganz leichten Lernprozeß einzulassen und ihn auch zu meistern. Denn der Mann braucht die Frau für seine Entwicklung, genauso wie sie den Mann für ihre Entwicklung braucht.

Bei dieser Lernaufgabe geht es darum, daß die Frau lernt, sich diesem «Rohling» Mann ganz zu öffnen und sich ihm mit allem, was sie ist und fühlt, hinzugeben. Dazu gehört, daß sie ihre Ängste, sich einzulassen und in allem gesehen zu werden, überwindet, die Kontrolle über sich aufgibt und sich in jedem Moment «ungeschminkt» so zeigt, wie sie wirklich ist, was sie wirklich fühlt, was sie denkt, und sich dem Verhalten, den Gefühlen, den Gedanken des Mannes «aussetzt» und darauf ehrlich reagiert. Das heißt, sie braucht die Bereitschaft, ihre Insel, auf der sie sich bisher befunden hat, zu verlassen und das Risiko einzugehen, sich mit ihrem ganzen Herzen auf diesen Mann einzulassen, von dem sie noch nicht weiß, ob er seine Insel aufgeben und ihr auf einer tiefen Ebene begegnen will.

Diese Form von Hingabe hat auf den ersten Blick etwas Blindes, denn bei nüchterner Betrachtung würde sie höchstwahrscheinlich entdecken, daß er nicht so aussieht, als wäre er in der Lage, für sie da zu sein, sie zu verstehen, sie weiterzubringen oder auch nur Interesse für sie aufzubringen und sie zu lieben. Doch sie weiß instinktiv, daß er sie braucht, um diese Qualitäten in sich zu entwickeln. Sie ahnt, daß er wie ein Rohdiamant ist, der ohne Schliff kein Licht, kein Strahlen hat.

Um diesen Prozeß zwischen ihnen überhaupt in Gang zu bringen, braucht die Frau neben ihrer Offenheit und Hingabe eine Unbeirrbarkeit in ihrer Weiblichkeit und ihren menschlichen Zielen. Dabei muß die Frau den Anfang machen und ihre Ich-Sucht mehr und mehr aufgeben und ihre Menschlichkeit wirklich leben. Dazu gehört, daß sie ihre menschlichen Ziele immer vor Augen hat, sie hochhält und sie jederzeit mit Bestimmtheit vertritt.

Durch ihre Hingabe erweckt sie diesen Mann, und sein sehender Teil, das heißt, seine weibliche Kraft kommt zum Vorschein: sein Gefühl, sein Empfinden, sein Herz. Erst jetzt kommt die Frau wirklich in sein Blickfeld. Er kommt in einen Zustand, wo auch er seine Hingabefähigkeit entwickeln kann, die er bis jetzt in Partnerschaften nicht gelebt hat, zum einen, um der Überlegene bleiben zu können, zum anderen, um niemals so abhängig zu werden wie eine Frau. Für ihn war wichtig, jederzeit tun und lassen zu können, was er will, jederzeit gehen zu können und zu keiner Zeit seinen Gefühlen nachgeben zu müssen: für ihn Ausdruck seiner Unabhängigkeit. Aber genau das hat ihn möglicherweise bisher vom Lernen mit einer Frau abgehalten.

Die Frau selber entwickelt in diesem Prozeß eine starke weibliche Kraft, die sie zum Erblühen bringt und den Mann stark zu ihr hinzieht.

Sich einem Mann zu öffnen und sich ihm ganz hinzugeben, ist nicht ohne Schmerzen und Verletzungen möglich, besonders wenn sie mit seiner Verschlossenheit umgehen muß, die das Resultat seiner Mutterbeziehung ist. Doch gerade durch ihre Offenheit und Menschlichkeit, die der Mann tagtäglich zu spüren bekommt, wird sie ihn tief berühren. Dadurch wird auch er sich mehr öffnen können und es wird ihm möglich, seinerseits seine Ich-Sucht abzubauen und seine bisherige Insel zu verlassen und zu ihr als wirklicher Partner zu kommen.

Das Ziel dabei ist, daß sich beide lieben lernen, um auf einer sehr tiefen Ebene zueinanderzufinden. Ein wesentlicher Teil ist in diesem Prozeß, daß sie ihre Ich-Sucht aufgeben, weil sie es als Egoisten nie schaffen würden, sich wirklich zu begegnen.

Um in den Zustand der Liebe zu kommen, braucht es die Bereitschaft von beiden, sich schrankenlos für den anderen zu öffnen und in jeder Situation für ihn offenzubleiben. Denn sobald sich einer von ihnen verschließt, ist er nicht mehr im Zustand der Liebe. Der Weg dorthin ist, sich einzugestehen, wie offen oder verschlossen der einzelne ist und sich die Öffnung zu erarbeiten, z. B. immer seine Gefühle zu zeigen, berührbarer zu werden, zuzugeben, wann man sich zugemacht hat usw. Außerdem verträgt die Liebe keine Zwänge, keine Unfreiheiten und absolut keine Bedingungen. Eine nicht ganz einfache, doch lohnende Aufgabe und für viele Paare ein langer Weg, auf dem viele Hürden zu überwinden sind und auf dem viele «böse Tiere» warten.

Die meisten Frauen wollen zwar einen Mann, die wenigsten Frauen wollen sich jedoch auf einen Mann wirklich einlassen, weil sie eine Menge Befürchtungen und Ängste haben: Angst vor seelischen Schmerzen, oder verlassen zu werden, Befürchtungen, sich dem Mann zu stark anpassen zu müssen, oder sich nicht wehren zu können, oder nicht mehr alles sein zu dürfen, was sie sind, oder durch ihre Hingabe abhängig zu werden, oder sie haben ihre Stärke als Frau noch nicht gefunden und trauen sich nicht zu, einem Mann mit aller Offenheit zu begegnen. Andere Frauen sind schlichtweg zu geizig oder zu egoistisch für diesen Prozeß.

Es gibt viele Gründe, um sich nicht auf einen Mann einzulassen. Wenn jedoch eine Frau in ihrem Entwicklungsprozeß weiterkommen will, ist ein tiefes Einlassen auf einen Mann für sie eine Notwendigkeit.

Geht eine Frau dieser Lernaufgabe, sich einem Mann ganz hinzugeben, aus dem Weg und geht das damit verbundene Risiko nicht ein, wird sie sich letztendlich immer nach der Erfüllung mit einem Mann sehnen, selbst wenn sie andere Formen der Erfüllung in ihrem Leben schon gefunden hat.

Natürlich gibt es noch eine ganze Menge zusätzlicher Lernaufgaben mit einem Mann: Eine weitere Aufgabe der Frau ist, daß sie den Mann auf sich konzentriert, dem sie sich hingeben will, das heißt, daß es ihr gelingt, daß er sich zunächst einmal ausschließlich auf sie als Frau einläßt. Denn er braucht diese Konzentration auf die Frau, um sich auf den Lernprozeß mit ihr einzulassen. Das heißt nicht, daß sie ihn unfrei macht, oder zu irgendetwas zwingt, oder daß er nur noch mit ihr sein darf. Sie muß ihm sozusagen in Freiheit schmackhaft machen, mit ihr in die

Tiefe zu gehen. Dafür braucht er ihre Unterstützung, um seine Hindernisse zu erkennen und abzubauen, die einer tiefen Beziehung im Wege stehen, z. B. seine Angst vor Nähe oder der Verlust seiner Unabhängigkeit.

Am leichtesten wird ihr das gelingen, wenn sie ein liebender Mensch ist, oder ihre Kreativität und ihren Schönheitssinn entwickelt hat und um sich herum Schönheit in jeder Form verbreitet.

Denn kaum etwas zieht einen Mann bei einer Frau so stark an wie Schönheit, wobei nicht nur die offensichtliche oder oberflächliche Schönheit gemeint ist. Sie kann Schönheit auf viele Arten verbreiten: durch ihre Art zu sein, z. B. lebendig, anmutig, wach, liebevoll oder wie sie mit Menschen, Kindern und Pflanzen umgeht, oder durch ihr Aussehen, ihre Bewegungen, ihre Sprache, die Art wie sie sich kleidet, ihre Wohnung gestaltet usw.

Es gibt Frauen, die sich der Schönheit verweigern, weil sie von den Männern ausschließlich für ihr Inneres gemocht werden wollen und dies quasi als einen Liebesbeweis verlangen. Sie erschweren sich dadurch jedoch deutlich den Zugang zu einem Mann, wenn sie es überhaupt schaffen.

Denn ein Mann ist nun mal am leichtesten über Schönheit zu erreichen, nicht umsonst stehen Männer auf schöne Frauen.

Ebenso wichtig ist es, daß eine Frau, ebenso wie der Mann, die eine fruchtbare Partnerschaft führen will, lernt, beziehungs- und liebesfähig zu werden. Der Schlüssel dafür ist das Bewußtsein. Denn ohne einen gemeinsamen Bewußtseinsprozeß kann sich zwischen ihnen nichts Tiefes und Dauerhaftes entwickeln.

Die nachfolgende Aufstellung zeigt die Einstellungen, Haltungen und Qualitäten, die eine Frau und ein Mann für eine Wachstumsbeziehung brauchen und die sie sich Schritt für Schritt erarbeiten sollten:

Ja-sagen zu Dir und der Beziehung
Ich will ein JA zu DIR finden. Mit DIR will ich ein Stück des Weges gehen (egal wie lange es dauert).

Im Miteinander lernen wollen
Ich bin bereit, mich den Konflikten und Problemen zu stellen, die natürlicherweise in unserer Beziehung auftreten werden, sie mit Dir zu lösen und ich werde sie nicht als Grund benutzen, um mich von Dir abzuwenden. Auch in schwierigen Zeiten werde ich dableiben.

Berührbar sein
Ich lasse mich auch innerlich von Dir berühren, Du darfst in mir etwas auslösen. Ich teile Dir mit, was mich davon trifft und wie es mich trifft.

Nicht immer Recht haben wollen

Sich in allem – Sonnen- und Schattenseite in Stärken und Schwächen – zeigen
Du darfst mich so sehen, wie ich wirklich bin, ich täusche Dir nichts vor, ich verstecke mich nicht und Du darfst mich darin widerspiegeln – mir zeigen wie Du mich siehst und auf mich reagieren.

Seine innersten Gefühle zeigen
Du darfst auch meine tiefen Gefühle wie Verzweiflung, Angst oder Haß sehen.

Mit allem, was ich denke und fühle, bleibe ich da
Ich ziehe mich bei bestimmten Gefühlen wie Kränkung, Ärger nicht von Dir zurück, auch wenn mir etwas an Dir nicht paßt, ich enttäuscht bin oder ich mich von Dir verletzt fühle. Ich bleibe Dir gegenüber offen und zugewandt.

Ich strafe Dich nicht

Ich verzeihe Dir
wenn ich mich von Dir verletzt fühle oder mich geärgert habe oder gekränkt bin. Vorher zeige ich Dir, was es mir ausgemacht hat.

Ich erkenne meine eigenen Probleme
Ich mache Dich nicht für meine Probleme verantwortlich. Wenn mich etwas stört, aufregt usw., will ich es als mein Problem erkennen.

Ich lasse Dich in Deinem Sein ganz zu
Ich lasse Dich das leben, was für Dich wichtig und richtig ist, ich reagiere darauf, aber schränke Dich nicht ein, manipuliere Dich nicht, noch zwinge ich Dich.

Ich hinterfrage mit Dir die Konventionen und Wertvorstellungen der Gesellschaft und lasse sie gegebenenfalls los
Ich entwickle mit Dir unsere eigenen Wertvorstellungen und Lebensziele.

Diese Aufstellung zeigt Dir in welche Richtung Du wachsen kannst, verlange also nicht von Dir, schon am Ziel zu sein.

Oft steht uns auch im Wege, daß wir die Rolle unserer Mutter oder unseres Vaters kopieren – meistens ohne uns darüber bewußt zu sein – oder den Partner zu unserer Mutter oder zu unserem Vater «machen», um dann wieder so zu reagieren wie als Kind. Ein Grund dafür ist, daß wir süchtig sind, immer die gleichen Erfahrungen zu machen, weil wir diese so gut kennen.

Die beste Voraussetzung für eine fruchtbare Partnerschaft ist eine aufgearbeitete Beziehung zu seinen Eltern, d. h. daß man die alten Gefühle von Schmerz, Wut, Trauer und Einsamkeit ihnen gegenüber ausgedrückt hat, ihnen verziehen und sich von ihnen als Kind gelöst hat.

Wenn Du das noch nicht getan hast, tue es möglichst bald. Du hast nichts zu verlieren, nur zu gewinnen – nämlich Deine Freiheit, Dein eigenes Leben leben zu können.

Zuerst einmal solltest Du Dir eingestehen, wo Du in jedem der Punkte momentan stehst.

Es kann sein, daß Dein momentaner Standpunkt ist: «Mein Partner muß tun, was ich will», oder «ich verschließe mich, wenn Du so oder so bist». Das zeigt Dir den Ort an dem Du in deiner partnerschaftlichen Entwicklung stehst – mehr nicht.

Indem Du Dir eingestehst, daß Du da stehst – auch wenn es Dir noch so mißfällt – ohne Dich zu verurteilen oder schlecht zu machen, und Dich darin annimmst, hast Du den ersten Schritt zu Deiner Veränderung getan.

Die größte Falle ist, daß man seine Standpunkte vertuscht, weil man sie nicht wahrhaben will. Denn alles, was wir an uns nicht sehen, kann sich auch nicht verwandeln.

Wenn Du bereit bist, Dir Deine Haltungen oder Einstellungen, die Dir im Wege stehen wirklich bewußt zu machen und sie Dir immer wieder anschaust und auch bereit bist, zu sehen, was sie in anderen Menschen auslösen, beginnt sich Deine Verwandlung zu zeigen, manchmal passiert sie allein, manchmal brauchst Du einfach eine neue Entscheidung, wie Du Dich in Zukunft verhalten willst. Es kann sein, daß Du die Hilfe eines Therapeuten oder einer Gruppe brauchst, um in manchen Punkten weiterzukommen.

Diese oben aufgelisteten Einstellungen, Haltungen und Qualitäten für eine Beziehung lassen sich mit jedem Menschen erarbeiten, man muß also nicht auf einen Partner warten, sondern kann die Zeit ohne Partner nutzen, sich lernenderweise auf ihn vorzubereiten.

Die Frau-Mann-Beziehung, die das Wachstum der Partner als Ziel hat, ist eine der Hauptquellen für die Selbsterkenntnis eines Menschen. Es wird Zeit, daß Frau und Mann sie als solche entdecken und sich die Haltungen und Einstellungen erarbeiten, die ein gemeinsames Lernen mit Freude und Leichtigkeit möglich machen.

●

Wenn Du einen Mann hast:

— *Ist Eure Beziehung noch lebendig?*
— *Kannst Du alles sagen, alles sein?*
— *Welche Qualitäten kannst Du in dieser Beziehung leben und welche nicht?*
— *Was hält euch zusammen?*

Wenn Du keinen Mann hast:

— *Wo liegen die Gründe, daß Du keinen Mann hast?*
— *Was konntest Du in den bisherigen Beziehungen nicht?*
— *Zieht es Dich in eine neue Beziehung?*

Frau und Gesellschaft

1. Das gesellschaftliche Rollenverständnis einer Frau

Den Mann ergänzend

Jeder Mensch in unserem Kulturkreis – ob Frau oder Mann – hat eine bestimmte verinnerlichte Vorstellung von der Rolle der Frau, wie sie seit Tausenden von Jahren relativ unverändert in unserem Kulturkreis gelebt wurde und zum großen Teil heute noch gelebt wird.

Da die gesellschaftliche Rolle der Frau stark in Abhängigkeit zum Mann steht, kann man ihre Rolle nicht beschreiben, ohne über den Mann zu reden.

Diese Rolle ist der Frau von Männern und den bisherigen Gesellschaften im Laufe der Geschichte mehr oder weniger zugeteilt worden und hat sich seit Generationen durch das Erleben und das Weitergeben der entsprechenden Inhalte dieser Rolle zu einer Grundstruktur in ihr verfestigt. Auf diese Weise muß sie ihre Rolle nicht immer wieder neu erlernen, sondern sie «sitzt» fest in ihr und wird nur neu bekräftigt, indem sie bei ihrer Mutter und auch bei anderen Frauen sieht, wie sie sich dem Leben und den Männern gegenüber verhalten.

Als Teil dieser Rolle hat sie ein bestimmtes Bild von sich als Frau verinnerlicht. Sie glaubt, daß sie dem Mann dadurch «unterlegen» ist, weil sie (körperlich) schwächer und «dümmer» (nicht so rational) ist wie der Mann. Daher glaubt sie, einen Mann zu brauchen, um in ihrem Leben klarzukommen. In ihren Augen – häufig auch in den Augen der Männer – ist sie ein Mensch zweiter Wahl. Selbst heute noch gibt es Frauen, die sich nicht zutrauen, für ihr Leben zu sorgen und daher einen Mann suchen, obwohl sie alle Möglichkeiten haben, ihr Leben so zu gestalten, wie sie es wollen.

Zu dieser Rolle gehört aber auch, daß sich die Frau in einer bestimmten Weise dem Mann gegenüber verhält. Sie muß dem Mann die Führung überlassen und ihm den Vortritt geben, wenn es um seine Wünsche und Bedürfnisse geht. Auch muß sie in einer bestimmten Weise mit ihm umgehen: fürsorglich, umsichtig, gebend, aufmerksam, zärtlich, relativ bedürfnislos, eher still. Sie muß voll für ihn da sein und so gut wie möglich für ihn sorgen, damit er sie will und bei ihr bleibt. Ihre Aufgabe ist es, mit ihren organisatorischen Fähigkeiten den Mann von den Alltäglichkeiten zu befreien, damit ihn nichts von dem abhält, was er zu tun hat und was er tun will.

Zu ihrer Rolle gehört es, **daß sie Sorge trägt**
für das Wohlergehen «seiner» Kinder,
für die Gestaltung und Ordnung des Wohnbereiches,
für das Ansehen der Familie;
daß sie Verantwortung übernimmt
für das leibliche Wohl des Mannes wie Essen, Kleidung, Sex, für seine Geschäfte – wenn noch Zeit bleibt;
daß sie Überblick hat über ihre gemeinsamen sozialen Kontakte, wie Feste, Einladungen und Besuche bei Verwandten und Freunden;
daß sie Entscheidungen trifft im familiären Rahmen, z. B. was die Familie für Essen braucht, wie die Räume eingerichtet werden, wie mit den Kindern oder dem Personal umgegangen wird, welche Leute eingeladen werden, wie die Familie mit den Nachbarn umgeht usw.;

daß sie mit Konflikten umgeht, d. h. daß sie die Konflikte innerhalb der Familie anspricht und für eine Klärung sorgt, so daß die Ruhe des Mannes nicht allzu lange ge stört ist, damit er seinen Geschäften oder einer anderen Arbeit, die er gerade verrichtet, ungehindert nachgehen kann.

Die Abmachung zwischen Frau und Mann ist im allgemeinen, daß er für ihren Unterhalt und den «seiner» Kinder sorgt und die Frau das Leben für ihn daheim und außerhalb seiner Arbeit gestaltet.

Da diese Inhalte sehr tief sitzen, ist es noch nicht einmal notwendig, daß Frau und Mann darüber sprechen, die Frau erfüllt ihre Rolle zum Teil völlig unbewußt und automatisch, sobald sie einen Mann heiratet oder mit ihm zusammenzieht.

Wie ist es zu dieser Entwicklung gekommen?

Prähistorische Funde einerseits und altes Wissen andererseits zeigen, daß es bis vor etwa 10 000 Jahren Frauenherrschaft gab (Matriachat). Im Laufe der Zeit haben Männer immer mehr organisatorische Funktionen übernommen, um schließlich die Herrschaft an sich zu reißen, da der Mann für das Erobern von neuen Lebensräumen und für das Überleben der Frauen und Kinder gebraucht wurde (besonders in Zeiten, wo es ums nackte Überleben ging). Als «Gegenleistung» hat die Frau eine schwache Rolle übernommen. Während einer schier unendlichen Zahl von Generationen war sie dadurch vom Mann abhängig und ist mehr oder weniger bis heute in dieser Abhängigkeit verblieben. Diese Abhängigkeit hat ihr viel Unterdrückung, Diskriminierung und Leid gebracht.

Und dennoch gab es in allen Zeiten immer wieder Frauen, die sich dem Mann nicht unterworfen haben.

Der Mann war bereit, für die Frau mit zu sorgen, wenn sie sein Leben angenehm gestaltete, ihm sexuell «zu Diensten» war, für ihn kochte, putzte, seine Kleider in Ordnung hielt und für seine Kinder sorgte, während er auf Nahrungssuche war oder seinen Geschäften nachging.

Die Männer nutzten die Abhängigkeit der Frau zu ihren Gunsten aus und benutzten die Frau je nach Bedarf als universell einsetzbare Arbeitskraft oder als Lustobjekt. Auf jeden Fall mußte sie dem Mann dienlich sein, damit er für sie sorgte. Zeitweilig hatte er zu ihr fast eine Haltung wie zu einem Tier.

Natürlich gab es auch schon immer einige Männer, die die Abhängigkeit der Frau nicht ausgenützt haben und ihre Führungsrolle sehr einfühlsam innehatten, aber das war eher die Ausnahme.

Gleichzeitig gab der Mann seinen Aufgaben, für Nahrung, Lebensraum und Sicherheit zuständig zu sein, mehr Wert als den Aufgaben der Frau, für sein Wohlbefinden, den Haushalt und die Kinder zu sorgen, und zog daraus den Schluß, daß er dadurch der Frau in jeder Weise überlegen ist. Mit dieser Grundhaltung begegnete er den Frauen und ließ es sie auch spüren – selbst in unserer Zeit ist das noch der Fall.

Diese Position der Überlegenheit hat der Mann im Laufe der Geschichte durch Macht in den verschiedensten Formen verfestigt, z. B. daß er immer dafür gesorgt hat, daß er in Gemeinschaften die Positionen innehatte und auch behielt, die für das Allgemeinwohl ausschlaggebend waren. In der Weise konnte er immer über die Frau herrschen und bestimmen.

Auch die meisten Religionen wurden von Männern ins Leben gerufen und stützen ihren Machtanspruch bis zum heutigen Tag. Der oberste Gott in einer Männerkultur ist ebenfalls immer ein Mann: Gott-Vater, Gott-Sohn, Allah, Manitou usw.

Durch den Bibelspruch «die Frau sei dem Manne untertan» sahen die Männer ihre Überlegenheit und Machtstellung legitimiert.

Auch noch in der heutigen Zeit werden die Frauen von Männern regiert. In allen politischen Bewegungen sind die Männer an der Spitze und an der Macht und lassen Frauen nur in begrenzter Anzahl «mitregieren». Die männlichen Machthaber sind inzwischen nicht mehr grundsätzlich gegen die Frauen, sondern sie sind gegen die Weiblichkeit, weil sie ihre männlichen Ziele nicht aufgeben wollen, wie: weiter, schneller, mehr. Sie lassen daher nur männliche Frauen zum Zuge kommen, die die männlichen Ziele nicht gefährden.

Die Frau hat in vielen Leben die Erfahrung machen müssen, daß es besser ist, die Vormachtstellung des Mannes zu akzeptieren, um ihren Körper und ihr Leben zu schützen. Denn Männer haben in der vergangenen Geschichte in unserem Kulturraum die Frau notfalls auch mit Gewalt dazu gebracht, sich ihren Vorrechten, Meinungen, Handlungen, Plänen und Zielen nicht zu widersetzen.

Die Frau hat in ihrer Jahrtausende währenden Unterdrückung gelernt, sich zu wehren, indem sie durchtrieben und aus dem Hinterhalt agiert, manipulierend ist und indirekt ihre Ziele verfolgt. Auch diese Art zu handeln steckt tief in ihr und hat häufig eine wachstumshemmende Wirkung auf sie, weil sie ihrer Offenheit im Wege steht.

Zurückgeblieben ist bei den Frauen eine tiefe Erfahrung der Lebensabhängigkeit und eine tiefsitzende Angst vor dem Mann und seiner Gewalt. Es gibt Frauen, die eine tiefe Angst vor Männern spüren und sie sich nicht erklären können, anderen bleibt sie verborgen und kommt oftmals erst in einem Konflikt mit einem Mann oder in einer Therapie zum Vorschein.

Der Mann hat meistens erst dann Angst vor der Frau, wenn sie seine Überlegenheit nicht mehr anerkennt oder eigene Wege gehen will, was in immer mehr Ehen der Fall ist.

Aufgrund ihrer uralten schmerzlichen Geschichte mit dem Mann kommen die Frauen nur langsam aus ihrem Versteck hervor.

Wie sieht es heute aus?

Bereits bei der Partnersuche kann man das klassische Rollenverhalten beobachten und erkennen, wie stark diese alten Strukturen immer noch wirken: Sie gibt sich möglichst anhänglich, zart und schwach, oft auch püppchenhaft, Er hingegen demonstriert Stärke, Kraft, Unabhängigkeit. Genau diese Rollen sind bei beiden Geschlechtern immer noch am attraktivsten. Auf diese Weise eröffnen Frau und Mann schon am Anfang einer möglichen Beziehung das alte Spiel von Über- und Unterlegenheit neu und legen den Grundstein für ihre zukünftige Rollenverteilung, und alles nimmt, wie seit Tausenden von Jahren wieder seinen Lauf.

Wenn sich ein Mann einer Frau zuwendet, verhält er sich meist gönnerhaft und gibt ihr – manchmal direkt, manchmal subtil – zu verstehen, daß sie sich glücklich schätzen kann, ein solches Prachtexemplar von Mann gefunden zu haben. Viele Frauen sind daher sehr stolz, wenn sie einen

Mann «erwischt» haben. Die anderen Frauen, die ohne Mann durchs Leben gehen «müssen», fühlen sich häufig wertlos.

Viele Frauen glauben heute immer noch, besonders in ländlichen Gegenden – meistens ohne eine Frage in sich – daß sie die klassische Frauen-Rolle, so wie sie sie verinnerlicht haben und wie sie sie bei ihrern Müttern abgeschaut haben, ausfüllen müssen, selbst wenn sie schon Unbehagen an dieser Rolle haben. Aber selbst die, die schon ein eigenständiges Leben geführt haben, verfallen dieser Rolle, sobald ein Mann in ihr Leben tritt. Ein Großteil der Frauen bedienen immer noch ihre Männer und geben sich ihrem Mann «zuliebe» dümmer und anspruchsloser als sie sind, obwohl sie zum Beispiel im Berufsleben ihren «Mann» stehen. Ebenso sind viele Frauen bereit, ihre Interessen sofort aufzugeben und ihr Leben nach dem Mann auszurichten. Manche Frauen geben sogar selbstverständlich ihren Beruf oder ihre Berufsausbildung auf, um nur für den Mann dazusein, oder ihn bei seiner Karriere zu unterstützen.

Auch heute noch muß die Frau dem Mann in irgendeiner Weise dienlich oder ein angenehmer Teil in seinem Leben sein, der ihm Befriedigung verschafft, und wenn es nur ist, daß er seinen Status durch sie erhöht, indem sie schön, reich, oder besonders gebildet ist. Oder indem sie ihn so unterstützt, daß er sich mehr auf seine Arbeit oder seine Interessen konzentrieren kann. Wenn Frauen keine Kinder haben – oder manchmal auch, wenn sie welche haben, werden sie häufig als Sekretärin oder Buchhalterin ihres Mannes eingesetzt, damit er nicht den Eindruck hat, daß sie zu Hause «rumsitzt», während er schuftet. Wobei er auch ohne Frau nicht weniger arbeiten würde.

Unterstützt ihn die Frau nicht genügend oder verschafft sie ihm nicht ausreichend Befriedigung, in welcher Weise auch immer, verliert er die Lust an ihr und sucht sich, wenn er mutig genug ist und an sich glaubt, eine neue Frau, die diese Rolle besser ausfüllt. Viele verlassene Frauen, die abgearbeitet zurückbleiben, können ein Lied davon singen.

Inzwischen verweigern jedoch mehr und mehr Frauen diese Funktion dem Mann gegenüber, das heißt aber nicht, daß sie die alten Strukturen aufgelöst haben. Der Nachteil dabei ist, daß sie dann meistens alleine bleiben, weil es zu wenige Männer gibt, die sich auf eine solche Frau einlassen wollen.

Im Gegensatz dazu gibt es immer noch genug Frauen, die diese klassische Rollenverteilung ausnutzen, um sich nicht dem Lebenskampf stellen zu müssen, und die nichts Wesentliches lernen oder leisten wollen.

Außerdem gibt es auch immer mehr Frauen, die ein männliches Leben führen, indem sie eine eigene Karriere in der Männerwelt anstreben und auch schon leben; diese Frauen suchen eher nach einem «weiblichen» Mann, bei dem sie sich ausruhen können und der ihnen Geborgenheit vermittelt. Genau das, was in der Regel Männer bei ihren Frauen suchen.

Aber auch von diesen Männern gibt es viel zu wenig, so daß auch diese Frauen häufig alleine durchs Leben gehen und mit kurzen Abenteuern vorlieb nehmen müssen.

Bislang lebt die Frau aufgrund ihrer alten Strukturen in zwei extremen Polen, entweder ist sie in der Rolle der Dienstmagd verhaftet geblieben, oder sie eifert den Männern nach. Beides hat sie von dem weggebracht, was eine Frau wirklich ausmacht und wofür sie bestimmt ist.

Die Emanzipationsbewegung hat – zumindest äußerlich – erreicht, daß die Frau als gleichwertig und gleichberechtigt anerkannt wird, doch sie hat nicht verstanden, daß es darum geht, der Weiblichkeit mehr Kraft zu verleihen, damit sie Einzug in die Männerwelt nehmen kann. Ganz im Gegenteil: durch ihre Vorgehensweisen wie Kampf, Durchsetzen und Einseitigkeit hat sie wieder das männliche Prinzip gestärkt und sogar unter den Frauen verbreitet. Außerdem hat sie nicht nach Wegen mit dem Mann gesucht, sondern eine starke Abgrenzung zu ihm geschaffen. Dadurch haben sich viele Frauen dieser Bewegung nicht angeschlossen, so daß sie nicht so stark geworden ist, daß das männliche System ins Wanken gekommen wäre.

Aus diesem Grund leben die Frauen heute immer noch in einer reinen Männerwelt, in der das männliche Denken, die männlichen Prinzipien und die männlichen Ziele die Vormachtstellung haben.

Und trotzdem treten erst wenige Frauen für die weibliche Energie und ihre weiblichen Ziele ein, für ihre Art, Dinge zu betrachten, Konflikte zu lösen usw. Das kommt daher, daß viele Frauen ihre Weiblichkeit noch gar nicht entwickelt haben und auch ihre weiblichen Qualitäten entweder noch nicht erkannt haben, oder sie noch nicht nach außen leben. Dadurch, daß sie ihre Weiblichkeit zum großen Teil gar nicht leben und eher das Männliche angenommen haben, geben sie indirekt zu, daß ihre Art, mit dem Leben umzugehen, schlechter ist.

Inzwischen gibt es jedoch schon einige Männer, die sich der weiblichen Kraft hingeben und sich zum Beispiel für einen einfühlsamen, ökologisch pfleglichen und gleichwertigen Umgang mit der Natur einsetzen.

Doch nach wie vor fehlt der Großteil der Frauen, die sich dafür stark machen, um auch den Rest der Männer von der Notwendigkeit, die Weiblichkeit in ihrem Leben zuzulassen, überzeugen zu können. Aber dahin müssen sie sich entwickeln und das wird am ehesten der Fall sein, wenn sie überhaupt erst ihre Stärken als Frau erkennen.

Und doch gibt es immer mehr einzelne Frauen, die sich von den alten Strukturen befreien wollen und nach neuen Wegen für sich suchen, ohne den Mann aus ihrem Leben verbannen zu müssen. Das bringt natürlich sehr viel Konfliktstoff in die Beziehung von Frau und Mann und verlangt von einer Frau sehr viel Mut und oftmals auch eine Zeitlang ein Abschotten gegen den Mann, um sich selbst zu finden und zu kräftigen und nach eigenen Zielen zu suchen.

Wie kann sich die Frau von ihren alten Strukturen befreien?

Zuerst einmal muß die Frau diese Strukturen an sich selbst erkennen und sehen, wie sie sie bewußt oder unbewußt noch immer lebt, und Wege finden, wie sie diese alte Rolle und das dazugehörige Denken ablegen kann.

Der Hauptschritt, der sie aus ihrem alten Rollenverhalten herausführt ist, daß sie sich auf sich selbst besinnt und ihre eigenen Fähigkeiten und Möglichkeiten entwickelt, ihr Potential kennenlernt und es lebt und eine aktive Haltung im Leben einnimmt. Gleichzeitig muß sie beginnen, den Mann dazu zu bringen, daß er sie als gleichwertiges Wesen anerkennt und in der Weise auch betrachtet und ernst nimmt.

Dazu gehört, daß sie sich bewußt macht, was das besondere an ihr als Frau ist, und daß sie ihre Weiblichkeit lebt und den Mann damit ansteckt.

Hat die Frau in ihren Vorleben in Kulturkreisen gelebt, in denen die Unterdrückung der Frau nicht so stark war oder hat sie als Mann gelebt, kann sie sich leichter aus diesen alten Strukturen befreien, weil sie ein ganz anderes Selbstverständnis mitbringt.

Insgesamt ist es für eine Frau leichter, ihre alte Rolle aufzugeben, weil sie wenig zu verlieren und viel zu gewinnen hat. Deswegen sind gerade in unserer Zeit hauptsächlich Frauen auf dem Bewußtseinsweg zu finden – auf der Suche nach sich selbst. Das ist der Anfang. Wenn sich die Frauen gefunden haben, werden sie unaufhaltsam ihren Weg gehen.

Die natürliche Entwicklung der Menschen geht schon lange in die Richtung, daß sich die alten Strukturen von Frau und Mann auflösen. Ebenso die Form ihrer bisherigen Beziehung, die eine reine Zweckgemeinschaft war. Denn es kann kein wirkliches Miteinander zwischen Mann und Frau entstehen, das über den Zweck hinausgeht, wenn die Gleichwertigkeit beider Partner nicht gegeben ist. Das Miteinander von Frau und Mann ist jedoch lebensnotwendig geworden, um die alten Strukturen unserer Gesellschaft, die nicht mehr am Menschen und an der Natur orientiert sind, zu überwinden.

Gerade jetzt gibt es jedoch starke Kräfte, die vor allen Dingen diese natürliche und gewollte Entwicklung der Frau aufhalten wollen. Das sind Menschen, die besonders fest in diesen alten Strukturen stecken und die eine Veränderung nicht als Erweiterung und Bereicherung – in welcher Form auch immer – sehen können und wollen. Besonders findet man diese Kräfte bei den Nationaldenkern, die sich um die Erhaltung von altem Brauchtum einsetzen und es wieder eingesetzt wissen wollen. In dieser Bewegung sitzen auch gänzlich unemanzipierte Frauen, die am Alten festhalten wollen. Es gibt aber auch Kräfte in kirchlichen Kreisen und anderen politischen Gruppierungen, die eine Weiterentwicklung verhindern wollen.

Dieser Widerstand ist jedoch notwendig, um den Frauen zu verdeutlichen, woraus sie sich befreien wollen.

Frau und Mann haben sich aufgrund ihrer Rollen immer weiter voneinander getrennt. Diese alte Form ihres «Nebeneinanders» muß nun umgestürzt, verändert und gelöst werden, weil sie nicht mehr dem Überleben dient, sondern geradewegs in den Tod führt. In den Tod der Beziehung, aber auch in den globalen Tod, denn unser Leben wird nur dadurch gesichert, wenn ein wirkliches Miteinander zwischen Männern und Frauen passiert.

Früher war der Mann für das Überleben zuständig, heute ist die Frau mit ihrer Weiblichkeit notwendig, damit der Mann aufwacht und gemeinsam mit ihr seinen Lebensraum rettet und schützt.

Es wird Zeit, daß Frau und Mann ihr Getrenntsein überwinden und zu einer tiefen Gemeinsamkeit finden, wie es die Schöpfung für sie vorgesehen hat.

•

— *Kennst Du Frauen, die noch in diesen alten Strukturen verhaftet sind?*
— *Wie lebst Du diese alten Strukturen?*
— *Wie wichtig ist es Dir, trotz Partner, an Dir orientiert zu bleiben?*
— *Welche Rolle spielst Du in der Gesellschaft?*
— *Fühlst Du Dich wohl damit?*

2. Die Fallen des Frau-Seins

Das Frau-Sein ist kein statischer Zustand, bei dem sich eine Frau mit bestimmten Eigenschaften auf eine bestimmte Weise verhalten soll, sondern ein Prozeß, in dem sich die Frau ständig neuen Herausforderungen stellt, um sich immer wieder neu zu erfahren und dazuzulernen, wobei sich eine Frau hauptsächlich auf der Beziehungsebene erfährt. Wenn sie diesen Lernprozeß nicht eingeht, bietet ihr die Frauenrolle einige Fallen, in denen sie sich, entsprechend ihrem Bewußtsein, verirren kann.

Jede der nachfolgend beschriebenen Fallen beschreibt einen Zustand des Festgefahren-Seins, das heißt einen Zustand des Nicht-Lernenens. Manchmal muß eine Frau erst so ein Stadium durchleben, um aufgrund der Auswirkungen ins Lernen zu kommen und um eines Tages davon Abstand nehmen zu können.

Falle 1: *Sich nur in Richtungslosigkeit verlieren*
Die Frau strebt kein Ziel für ihr Leben an, sondern läßt sich nur von ihren Launen bewegen. Sie sucht auch nicht nach einem Lebenssinn für sich.

Falle 2: *Sich nur an der äußeren Schönheit orientieren*
Eine Frau, die sich ausschließlich um ihre äußere Schönheit kümmert. Sie versteht nicht, daß es darum geht, innere und äußere Schönheit zu leben und zu verbreiten. Das hieße zum Beispiel: klar, feinfühlig, vital und beweglich zu sein. Sie will nur die Wirkung der Schönheit «haben», z. B. den Männern zu gefallen, ohne die innere Anstrengung, sich den Zustand der inneren Schönheit zu erarbeiten.

Falle 3: *Sich in die Rolle hineinfinden, die der Mann der Frau zugedacht hat*
Die Frau glaubt, sich dem Mann hinzugeben, gibt sich jedoch auf. Häufig ist das eine bequeme Lösung, von der sie gewisse Vorteile hat, z. B. ein bequemes Leben. Manchmal hat die Frau auch Angst, daß der Mann ihr Sosein nicht will.

Falle 4: *Sich nur am Mann zu orientieren und ihn als Maßstab aller Dinge zu nehmen*
Diese Frau unterliegt jedoch dem Trugschluß, daß sie für den Mann offen ist und auf ihn eingeht, im Grunde genommen schmeißt sie jedoch nur ihre Standpunkte über Bord und paßt sich ihm an. Das Ziel einer Partnerschaft ist jedoch, sich mit den eigenen Standpunkten und denen des Partners auseinanderzusetzen und zu neuen Standpunkten zu kommen.

Falle 5: *Sich am Männlichen messen und mit dem Männlichen konkurrieren*
Frauen vergessen dabei, daß das Weibliche einen ganz anderen Wert hat – so als wollte ein Tennisspieler einem Schachspieler seine Fähigkeiten beweisen – und zwar am Schachbrett. Starkes Konkurrenzverhalten einer Frau; sie kann die Männer nicht in ihren Stärken anerkennen, aber auch nicht sich, in dem, was sie kann. Die Frau will ihre Überlegenheit beweisen. Sie erarbeitet sich nicht ihr Eigenes und tritt nicht dafür ein.

Falle 6: *Sich in Rebellion verlieren, den Männern Widerstand leisten oder auf sie schimpfen, ohne sich selber zu verändern*

Diese Frau hat nicht ihre Konzentration auf sich selbst gerichtet, sondern auf die Männer, an denen sie sich mit versteckten oder offenen Feindseligkeiten rächt. Sie sucht nicht ihren Anteil in Konflikten mit Männern. Wenn eine Frau sich jedoch nicht selbst ins Spiel bringt, sucht sie in Schwierigkeiten immer den «schwarzen Peter» außen und glaubt dann, sich wehren zu müssen – ein allgemein menschliches Verhalten.

Falle 7: *Kein Eigenleben beanspruchen, sondern nur für ihren Mann und ihre Kinder leben*
Die Frau hat keine eigenen Ziele (mehr) und hat mit ihrer Person schon abgeschlossen, sie ist nur noch für andere da. Dadurch, daß sie sich vergißt, kann sie nichts dazulernen.

Manchmal ist es eine Programmierung, manchmal wählen Frauen diese Rolle aus Resignation, weil sie merken, daß sie von ihrem Mann menschlich nichts zu erwarten haben.

Falle 8: *Den Mann nicht mehr brauchen*
In diese Falle kommt eine Frau häufig aus falschem Stolz oder Unwissenheit. Sie grenzt die Männer ganz aus ihrem Leben aus, weil sie von ihnen nicht abhängig sein will. Sie sieht weder, daß sie für ihre Entwicklung einen Mann braucht, noch daß sie die gewünschte Unabhängigkeit zu lernen hätte – mit einem Mann.

Befindet sich eine Frau in einer Falle des Frau-Seins, kann sie nicht ihr volles Potential leben und bleibt auf diese Weise klein und schwach oder verhärtet sich.

Je weniger Selbstbewußtsein eine Frau hat, um so leichter wird sie in einer Falle landen, in der sie nicht ihr ganzes

Potential lebt. Um so eher wird sie auch dem Mann den Vorrang einräumen. Möglicherweise wird sie sich gleichzeitig über ihre Schwäche beklagen.

Es braucht sehr viel Bewußtsein von Seiten der Frau, um sich über ihre jeweiligen Rollen, in denen sie lebt, immer wieder Klarheit zu verschaffen und viel Mut, über die jeweilige Rolle hinauszuwachsen.

•

— *Kommen Dir diese Fallen bekannt vor?*
— *In welcher steckst Du gerade (es können auch mehrere sein)?*

Das Weibliche und Männliche zur Entfaltung bringen

Die weibliche Seite in Dir

fließend
fühlend
annehmend
rund

In unserer männlichen Kultur haben Frauen häufig mehr das Männliche in sich entwickelt. Zum einen weil sie glauben, sie müßten so sein wie ein Mann, um die Beachtung und Achtung der Männer zu erringen, zum anderen, um mit der Unterlegenheit, die sie den Männern gegenüber fühlen, oder um mit der männlichen Arroganz besser umgehen zu können. Oder aber um auch einen unabhängigen Platz in der Gesellschaft oder in der Familie einnehmen zu können. Sie ahmen dabei den Mann nach und benutzen seine männlichen Werkzeuge wie Kampf, Druck und Macht und verhalten sich dabei eher gefühllos und mit wenig, manchmal sogar ohne Orientierung am Menschlichen.

Sich so zu verhalten geht jedoch meistens auf Kosten der Weiblichkeit.

Wenn Frauen das Männliche in den Vordergrund stellen, wirken sie eher wie Männer. Sie verlieren gleichzeitig den Zugang zu ihren weiblichen Stärken und Qualitäten, was sehr schade ist, weil sie auf diese Art einen Großteil von sich selbst nicht kennenlernen und auch nicht leben können. Wie geht es Dir damit? Wolltest Du gleichberechtigt sein und hast geglaubt, Du müßtest wie ein Mann sein? Hast Du Dich dabei hart gemacht? Wo stehst Du in deiner Weiblichkeit? Kennst Du Deine weibliche Seite? Wie stark oder schwach ist sie? Magst Du sie? Welche Stärken und Anlagen des Weiblichen hast Du schon entwickelt, welche nicht? Wie fühlst Du Dich allein? Wie, wenn ein Mann dazukommt?

Es gibt viele Gebiete, die Dir mehr Zugang zum Weiblichen ermöglichen. Vielleicht magst Du den einen oder anderen Weg gehen, um Dich dem Weiblichen in Dir mehr zuzuwenden:

	Gefühle zulassen
FÜHLEN	Sensibilität erhöhen
KREATIVITÄT	Kreativität leben
KONTAKT	Kontakt zu Menschen, Kindern, Pflanzen, Tiere, Natur
HINGABE	Hingabe
	Hinwendung zum Mann
	das Mitmenschliche leben

Gefühle zulassen – fühlen, spüren, empfinden

Um das Weibliche in Dir zu entfalten, brauchst Du in erster Linie die Bereitschaft zu fühlen, Deinen Körper zu spüren und Empfindungen zuzulassen.

Dabei brauchst Du die Erlaubnis, daß Du **alles** fühlen und zum Ausdruck bringen darfst. Du darfst selbst launisch oder hysterisch sein. Du mußt auch keine Begründungen für Deine Gefühle finden. Viele Menschen wollen nur dann fühlen, wenn sie auch wissen, **warum** sie dieses oder jenes Gefühl haben und bremsen ihr Gefühle dann, wenn ihnen keine Begründung einfällt. Machst Du das auch so?

Je mehr Du Deine Gefühle kontrollierst , um so mehr verlierst Du den Kontakt zu Deinem Inneren. Wichtig ist, daß Du herausfindest, welches Gefühl oder welche Gefühle Du nicht fühlen und auch nicht zeigen darfst. Denn Du kannst nicht ein einzelnes Gefühl abstellen, ohne Deine anderen Gefühle mit einzuschränken, die dann nicht mehr natürlich aus Dir kommen, sondern die Du mehr oder weniger schauspielern mußt.

Sensibilität erhöhen

Genauso wichtig ist es, Deine Sensibilität zu erhöhen, indem Du Dir erlaubst, dünnhäutiger zu sein oder zu werden. Dazu gehört, daß Du bereit bist, mehr zu spüren, was das Leben, das von allen Seiten auf Dich zukommt, mit Dir macht: Wie schmeckt das, was Du gerade ißt? Wie riecht diese Blume? Wie fühlt sich der Regen auf deiner Haut an? Was fühlst Du beim Spazierengehen? Was fühlst Du, wenn Dich Deine Nachbarin ignoriert? Was fühlst Du, wenn Dein Mann mit Dir unzufrieden ist?

Alles, was Deine Sinne anregt, erhöht Deine Sensibilität: hören, sehen, riechen, schmecken, fühlen. Du kannst Dich von schönen Dingen anregen lassen oder von einer sinnlichen Körpermassage, die Du bekommst oder gibst, dabei darfst Du jedoch keinen Zweck verfolgen wie bei einer klassischen Massage, die die Körperspannungen abbauen will. Eine gute Möglichkeit ist auch das Anhören oder Spielen von Musik, dazu ist weibliche Musik, wie sie z. B. Mozart, Haydn, Schütz oder Pachelbel geschrieben haben, besonders geeignet. Auch bestimmte Körperübungen wie Yoga, Schwimmen und Tanzen können Deine Sensibilität anregen – Bedingung ist jedoch, daß es Dir dann nicht um Leistung geht.

Kreativität leben

Jede Form von Kreativität, bei der Du erlaubst, daß aus Dir heraus etwas entstehen darf, ohne irgendeinen Leistungsanspruch, weckt in Dir ungeahnte weibliche Kräfte. Es kann sein, daß Du malst, Dinge entwirfst oder irgendwelche Materialien gestaltest. Oder daß Du aus Dir heraus Musik entstehen läßt, sei es, daß Du ein Instrument spielst oder Deine Lieder singst. Je mehr Du dabei fühlen darfst, um so leichter wirst Du in einen inneren Fluß kommen, der Dich möglicherweise zu ganz unbekannten Ufern führen wird. Und mach es nur für Dich, niemand muß es gut oder toll finden, nicht einmal Du.

Das ist jedoch nur der Anfang, die Kreativität sollte sich mehr und mehr in Deinem Leben ausdehnen, so daß auch Deine Kontakte kreativer werden, daß Du kreative Lösungen für Deine Probleme findest und insgesamt kreativer lebst.

Kontakte zu Menschen

Du kannst das Weibliche in Dir auch durch eine Freundschaft oder Beziehung zu einem oder mehreren Menschen wecken. Wichtig sind dabei kontinuierliche Kontakte mit einem gefühlsmäßigen Austausch.

Das heißt, Du brauchst mindestens einen Menschen, dem Du offen und ehrlich begegnest und von dem Du Dich innerlich berühren läßt und er von Dir. Dabei ist wichtig, daß Du diesen Menschen immer wieder triffst und Dich gemeinsam mit dem anderen eine Zeitlang, zum Beispiel einen Tag oder einen Abend lang, auf diesen

Kontakt einläßt. Damit Du Dich wirklich auf Dein Inneres konzentrieren kannst und zwischen euch etwas entsteht, solltet ihr auf andere Aktivitäten verzichten.

Kontakt zu einem Kind

Ein besonderer Weg zu Deinem Weiblichen zu finden ist, wenn Du Mutter wirst – es muß nicht Dein leibliches Kind sein.

Du kannst mit einem Kind nicht nur Deine Hingabefähigkeit, sondern auch Dein Fühlen und Deine weiblichen Qualitäten wie das Annehmen, Zulassen und Wachsen-lassen voll entwickeln und leben, vorausgesetzt Du hast das zum Ziel.

Dasselbe kannst Du erreichen, wenn Du mit Kindern arbeitest, sei es als Kindergärtnerin, Kindertherapeutin oder Lehrerin. Das verlangt jedoch von Dir, daß Du das Menschliche zwischen euch in den Vordergrund stellst und nicht das Leistungsprinzip des Mannes.

Du brauchst dazu ein Ja zu dem Kind und zu Deiner Rolle und die Bereitschaft, Dich gefühlsmäßig auf ein Kind oder mehrere einzulassen. Je mehr Raum Du Dir und dem Kind dafür gibst, um so mehr kann das Weibliche in Dir wachsen.

Kontakt zu Pflanzen, Tieren, Natur

Der Umgang mit Pflanzen und Tieren kann Dich sehr empfindsam machen und Du kannst sehr deutlich das Weibliche in Dir spüren, besonders wenn der pflegende und sorgende Anteil in Dir erwacht. Das wird jedoch nur passieren, wenn Du am Kontakt mit diesen Lebewesen interessiert bist. Was Dir dabei sehr helfen kann, ist das Bewußtsein, daß sie ebenso lebendig sind und fühlen wie Du, daß sie Dich wahrnehmen und daß Du Zugang zu ihnen finden kannst. Auch ein längerer Aufenthalt in der Natur weckt sehr Deine weibliche Energie, Du wirst Dich – wenn Du Dich darauf einläßt – sehr verbunden mit allem fühlen und Dich einfach und empfänglich erleben, was gleichzeitig sehr viel Friede und Hingabe in Dir auslösen wird. Je regelmäßiger Du Dich in der Natur aufhältst, um so mehr wird mit Dir geschehen.

Hingabe

Jede Form von Hingabe, sei es, daß Du Dich der Musik hingibst, oder einem Tanz, oder einer Aufgabe, einer Bewegung oder der Stille, immer wird das Weibliche in Dir wachsen, wenn Du Dich von all dem innerlich berühren und bewegen läßt. Diese Form der Hingabe ersetzt jedoch nicht die Hingabe zu Menschen. Außerdem hat nicht jede intensive Beschäftigung mit Hingabe zu tun. Es ist daher wichtig, daß Du diese Unterscheidung spüren lernst.

Auch Meditation ist ein guter Weg, vorausgesetzt, Du ziehst Dich dadurch nicht vom Leben oder von den Menschen zurück.

Hingabe zu einem Mann

Die Hinwendung zu einem Mann, dem Du Dich sowohl anvertraust als auch öffnest, und dem Du Deine ganze Zuwendungt schenkst, wird Dir sehr helfen, Deine weibliche Energie zu spüren und das in Dir angelegte weibliche Potential zum Vorschein zu bringen. Am leichtesten geht das, wenn Du bereit bist, diesen Mann bedingungslos zu lieben.

Wenn Du bereit bist, für ihn zu fühlen und weich zu sein, kannst Du wahrhaftig schmelzen und Dich ganz auf Deine Weiblichkeit konzentrieren und das Weibliche wird in Dir voll erblühen.

Das Mitmenschliche

Jede Art von Mitmenschlichkeit, wenn sie vom Herzen kommt, sei es Mitgefühl, Zuneigung, Liebe, Dankbarkeit, Verzeihen, Verstehen, Helfen, weckt in Dir das Weibliche. Immer wenn Du die Menschen und das Mitmenschliche in den Vordergrund stellst, kannst Du Dich und die anderen fühlen und das weibliche Runde in Dir erleben.

Alle helfenden Berufen sind dazu bestens geeignet, besonders weil es in diesen Bereichen zu wenig Mitmenschlichkeit gibt. Du könntest den Anfang machen.

Das Männliche in Dir

zielgerichtet
geordnet
kraftvoll
gestaltend
sich durchsetzend

Genauso wichtig wie das Weibliche in Dir zu entfalten, ist es, daß Du auch das Männliche in Dir zur Verfügung hast, um Deinen Platz im Leben einzunehmen, Deine Ziele zu verwirklichen und Deinem Leben, ebenso wie Deinen Gefühlen und Gedanken eine Richtung geben zu können.

Wenn Du bisher das Männliche mehr gelebt hast, weißt Du das natürlich schon.

Wenn Du jedoch das Männliche noch wenig bis gar

nicht in Dir entwickelt hast, gelten Dir die folgenden Worte: Die Entwicklung Deiner männlichen Energie wird davon bestimmt, wie weit Du Deine weibliche Energie schon entwickelt hast. Deine weibliche Seite ist sozusagen der Boden, auf dem die Entwicklung deiner männlichen Seite stattfinden wird. Ist er solide oder eher brüchig, ist er tragfähig oder eher unsicher?

Um das Männliche in Dir zu erwecken, ist es wichtig, daß Du lernst, für Dich dazustehen und Dich für Dich und Deine Wünsche und Ziele einzusetzen, z. B. daß Du willst, daß jemand auf Dich achtet, oder Dir zuhört, oder daß Du nicht willst, daß sich jemand über Dich stellt oder Dich kleinmacht oder Dir nichts zutraut.

Ebenso gehört es dazu, daß Du lernst, Dich auszudrücken und bereit bist, Deinen ehrlichen Standpunkt mitzuteilen. Genauso wichtig ist, daß Du lernst, Dich zu wehren, Grenzen zu setzen und notfalls um Deine Rechte zu kämpfen.

Auch über Leistung und körperliche Ertüchtigung kannst Du Deine männliche Seite und die dazugehörigen männlichen Qualitäten in Dir zur Entfaltung bringen. Wichtig ist dabei, daß Du bis an Deine Grenzen gehst und sie ständig erweiterst, indem Du Dir immer wieder neue Ziele setzst.

Das ZIEL hinter all dem ist, daß Du beide, die weibliche und männliche Energie, in Dir zur Verfügung hast und sie sich gegenseitig durchwirken dürfen. Denn Du kannst weder kräftig noch wirklich erwachsen sein, wenn Dir eine der beiden Energien fehlt.

Es hat z. B. wenig Sinn, wenn Du zwar ständig fühlst, Du jedoch Deine Gefühle die meiste Zeit nicht auf einen Menschen oder ein Thema richten kannst. Denn ohne

Deine Gefühle zu richten, kannst Du weder etwas über sie erfahren, noch kannst Du etwas lösen oder lernen. Wenn Du jedoch weißt, daß Dich das Verhalten eines bestimmten Menschen traurig gemacht hat, kannst Du Dir bewußt machen, was Dich berührt und was es mit Dir zu tun hat. Du kannst Dich diesem Menschen gegenüber äußern und mit ihm in Kontakt kommen, was bedeutet, daß ihr euch beide darin erkennen könnt und möglicherweise einer oder beide von euch eine Verhaltensweise aufgeben will.

Wenn Du insgesamt wenig fühlst, ist der erste Schritt, daß Du überhaupt fühlst. Erst dann kannst Du Deinen Gefühlen eine Richtung geben.

Auch Deine Wünsche und Impulse brauchen eine Richtung. Denn was hilft es, wenn Du spürst, daß Du frierst, aber nicht auf die Idee kommst, Dir etwas anzuziehen, oder den Impuls hast, Dich zu bewegen und Du sitzen bleibst?

Wenn Du das «Glück» hast, mit einem männlichen Partner zu leben, kannst Du sehr viel von seiner Männlichkeit lernen und Dich von seiner Energie anstecken lassen.

Gleichzeitig hast Du die Möglichkeit, Dich stark auf Deine weibliche Seite zu konzentrieren und Dein Mann stark auf seine männliche Seite. Das kann zur Folge haben, daß Du kreativer wirst und Dein Partner mehr Tatendrang entwickelt. Ihr werdet euch in jeder Hinsicht anregen:

DU setzt Deine Kreativität in die Tat um und
Dein Mann wird kreativer in seinem Tun.
DU wirst aktiver,
Dein Mann läßt sich mehr fließen.

DU wirst zielgerichteter und
Dein Mann fühlender und dadurch wird sich seine
Orientierung im Leben verändern.

Das wird natürlich nur «passieren», wenn Ihr bereit seid, diese Entwicklungen zuzulassen. Dieser Verschmelzungsprozeß zwischen der weiblichen und männlichen Energie ist genau das, was wir auch im gesellschaftlichen Rahmen brauchen, um uns **gemeinsam** weiterzuentwickeln.

•

— *Hat Dich etwas von diesen Anregungen beflügelt oder Deinen Tatendrang geweckt?*
— *In welche neue Richtungen könntest Du gehen?*

Wie kann die Frau – das Weibliche – zur Errettung und Wandlung der Welt beitragen?

Die Erde ist ein geschlossenes System,
vergleichbar mit einem Aquarium,
alles, was wir in unsere Welt setzen,
bleibt in ihr für immer.

Das weibliche und männliche Prinzip erfährt auf der Erde – wie eine Wellenbewegung – ein ständiges Auf und Ab. Dabei dominiert immer eine dieser Kräfte und wirkt verstärkt im Vordergrund, die andere Kraft im Hintergrund.

Durch die Vorherrschaft des Mannes ist seit ca. 10 000 Jahren hier auf der Erde das männliche Prinzip dominierend. Das weibliche Prinzip ist dabei mehr und mehr in den Hintergrund gedrängt worden, es hat sich aber auch teilweise von sich aus, aufgrund der Einsicht zurückgezogen, daß das männliche Prinzip kräftiger ist und mehr dem Überleben dient.

Das konnte unter anderem dadurch passieren, daß sich die Frau dem Mann untergeordnet hat, weil sie sich durch ihn mehr Sicherheit und Lebensqualität versprochen hat.

Ihre Unterwerfung und damit die Abgabe ihrer Macht an den Mann hat gleichzeitig bewirkt, daß der richtungsorientierte, wenig fühlende Anteil des Mannes die Oberhand bekommen hat. Als Folge davon hat sich die Menschheit einseitig technologisch entwickelt. Andere Fähigkeiten wie das Heilen mit natürlichen Mitteln, der Kontakt zu Pflanzen und Tieren, Telepathie, das Verständnis und Mitgefühl unter Menschen, der natürliche

Umgang mit der Natur und das Begreifen der Zusammenhänge der gesamten Schöpfung gingen dabei verloren.

Dadurch, daß der Mann die Freiheit hatte, seine männliche Energie und seine männlichen Anlagen voll zu leben, konnte er seine ganze Kraft in die Eroberung der Welt – er war dabei an größtmöglicher Macht und Ausdehnung interessiert –, in die Ausübung von Gewalt und in die Entwicklung von Technologien stecken, um für sich, seine Familie, sein Dorf und seinen Staat das Überleben zu sichern, z. B. mit dem Bau von Häusern, Schiffen, Waffen, Wasserleitungen, Heizungen, medizinischen Apparaten usw.

Das hat eine rasante, äußere Entwicklung der Menschheit möglich gemacht. Gleichzeitig nahm sich der Mann einen neuen Herrgott: die Materie.

Wo stehen wir als Menschheit?

Aufgrund der technischen Errungenschaften des Mannes können Menschen in allen Klimazonen der Erde überleben. Eine hochtechnisierte, fast industrielle Landwirtschaft sorgt für unsere Nahrung; Krankenhäuser mit modernsten Maschinen, hochwirksamen Medikamenten und ausgeklügelten Operationsmethoden sorgen für unsere Gesundheit und unser Leben; eine mit allen technischen Hilfsmitteln ausgestattete Polizei sorgt, einschließlich der Gerichte, für unsere Sicherheit; modernste Bautechniken ermöglichen viel Wohnraum auf kleiner Fläche zu schaffen, so daß viele Menschen ihren eigenen Lebensbereich haben; modernste Fortbewegungsmittel ermöglichen uns eine fast grenzenlose Bewegungsfreiheit rund um die Erde usw.

Ohne die Technik des Mannes und die daraus resultierende Arbeitsteilung wären wir immer noch fast ausschließlich mit dem Überlebenskampf beschäftigt. Außerdem wäre die Hälfte der Menschheit längst nicht mehr am Leben, entweder verhungert, von bestimmten Krankheiten dahingerafft oder umgebracht worden.

Gleichzeitig hat es der Mann aufgrund seiner technischen Hilfsmittel wie Waffen, Schiffe, Flugzeuge usw. geschafft, über alle Kreaturen zu dominieren. **Inzwischen hat er keinen Gegner mehr, außer sich selbst.** Aber er hat nicht nur die ganze Welt erobert, sondern er hat sie auch vernetzt. Dadurch hat er jetzt die Chance, die Technik auf eine neue Stufe zu heben: Zuerst hat der Mann die äußeren Werkzeuge geschaffen, um durch Kommunikationssysteme wie z. B. Telefone einen weltweiten Austausch unter den Menschen möglich zu machen. Jetzt geht es darum, daß diese Möglichkeiten ergriffen werden, damit dadurch auch die weltweite Verständigung zustandekommt. Erst die Technik schafft die Voraussetzung für eine wirkliche Demokratie, von der wir noch weit entfernt sind.

Denn auf der nächsten Stufe unserer Entwicklung darf die Technik nicht mehr Selbstzweck sein, sondern nur ein wichtiges Hilfsmittel zur Bewältigung unserer Probleme und Verwirklichung unserer äußeren und inneren Ziele.

Der größte Vorteil, der durch die Errungenschaften der Technik möglich geworden ist, ist jedoch, daß wir uns nicht mehr selber um unsere primären Bedürfnisse kümmern müssen. Wir haben als Menschen erstmalig die Chance, daß uns für mehr Dinge Zeit bleibt, als nur für unser bloßes Überleben zu kämpfen. Dadurch haben wir die Möglichkeit erhalten, uns intensiver um uns selbst zu kümmern und uns anderen Dingen zuzuwenden als dem reinen Überlebenskampf. Wir haben die Chance, uns zu

bilden, z. B. lesen und schreiben, oder irgendwelche Berufe zu erlernen, durch Reisen die Welt zu erkunden, fremde Menschen kennenzulernen und ihre Sprachen zu erlernen, und Bewußtsein über uns und die Gesamtzusammenhänge zu erlangen.

Durch die Fortschritte des Mannes und die Entwicklung seiner Technologien sind uns jedoch nicht nur Vorteile erwachsen. Das Desaster auf unserem Erdball ist überall groß:

- Kriege in zur Zeit 57 Ländern.
- Verfolgung und Folter von Menschen.
- Terror und Gewalt zur Durchsetzung von Ideologien jeder Art.
- Wir lassen es zu, daß alle zwei Sekunden ein Mensch an Hunger stirbt.
- Unsere Natur ist aus dem Gleichgewicht und teilweise zerstört.
- Lebensbedrohende Atomkraftwerke umgeben uns und radioaktiver Atommüll zerstört bereits jetzt unsere Natur, z. B. unsere Ozeane.
- Immer stärker werdende Luftverschmutzung durch Autos, Flugzeuge, chemische Produkte, Müllverbrennungsanlagen, die den Schutzmantel vor den tödlichen UV-Strahlen langsam zersetzen (Ozonschicht).
- Die Städte werden immer gefährlicher.
- Vergiftete und bestrahlte Nahrungmittel.
- Eine steil ansteigende Krankheitsrate.
- Eine stark anwachsende Kriminalität.
- Zunehmender Mißbrauch von Kindern und Frauen.
- Neu aufkeimender Nationalismus und Rassismus, Menschenhandel, Kinderarbeit.

- Fehlende Arbeitsplätze, nicht ausreichende Wohnräume – Ausbreitung von Slums,
- Allgemeine Verarmung und Vereinsamung der Menschen.

Überall auf der Welt ist eine anwachsende Mißachtung des Lebens zu beobachten.

Außerdem hat der Mann inzwischen so mächtige Werkzeuge erschaffen, daß die Gefahr besteht, daß wir die ganze Erde zerstören, einschließlich uns selbst.
Das Mitmenschliche ist auf einem neuen Tiefpunkt angekommen. Und immer noch glaubt der Mann, daß er dieser Probleme alleine – ohne die Frau – Herr wird, ohne danach zu forschen, woher sie kommen und was sein Beitrag zu dieser Entwicklung war. Immer noch glaubt er, mit Macht und Gewalt seine Probleme lösen zu können, doch diese Mittel werden mehr und mehr versagen.

Noch immer glauben die Männer, daß nur sie – das Männliche – das Wissen und die Fähigkeiten haben, um die Menschen und die Welt lenken zu können. Noch immer glauben sie an die technischen Fortschritte, obwohl gerade sie, z. B. die Erfindung von chemischen Produkten wie Pflanzen«schutz»mittel, chemische Arzneimittel, Waschpulver und dgl. dem Menschen zum Nachteil gereichen.

Wie wir weltweit sehen können, führt der männliche Weg – ganz abgesehen davon, in welcher Gefahr wir uns alle befinden, daß z. B. jederzeit ein Atomkraftwerk explodieren oder ein Krieg ausbrechen kann – mehr und mehr in die Zerstörung. Die Ursache liegt darin, daß die meisten Männer nicht mit ihrem Herzen verbunden sind und daher das Mitmenschliche nicht im Auge haben. Ihnen sind Geld,

Besitz und Macht wichtiger als die gefühlsmäßige Rücksichtnahme auf die Gesamtzusammenhänge. Das kommt zum großen Teil daher, daß die Männer es nicht geschafft haben, das Weibliche in sich und außerhalb von sich in Gestalt einer Frau oder Frauen zuzulassen. Das Weibliche ist jedoch unbedingt notwendig, wenn die Führung, die die Männer innehaben, am Menschen orientiert sein soll. Durch den männlichen Pol allein lassen sich die momentanen Krisen in der Welt nicht mehr beheben.

Was ist der Beitrag der Frau zu unseren momentanen Problemen?

Die Frau ist voll mit-verantwortlich für das, was weltweit passiert, da sie ihre Verantwortung für die Welt an den Mann abgegeben hat. Sie hat die Männer machen lassen, was immer sie wollten. Statt zu protestieren oder sich einzumischen ist sie häufig eher dazu geneigt, sich die männlichen Ziele blind zu eigen zu machen oder ihnen ohne Nachdenken zu folgen.

Die meisten Frau bemühen sich nicht, ihren Blick fürs Wesentliche und ihre umfassenderen Sichtweisen zu vertreten, sondern kämpfen und streiten um Positionen wie der Mann, z. B. in der Politik. Das macht die Frau männlich, und sie trägt dazu bei, daß sich die bestehenden Strukturen verfestigen. Damit fehlt der weibliche Beitrag auch von den wenigen Frauen, die etwas zu sagen haben. Außerdem müssen sich die Männer nicht mit der weiblichen Sicht auseinandersetzen und können ihren Blick nicht durch die Frau erweitern.

Es gibt Frauen, die sich in mitmenschlichen Fragen und Auseinandersetzungen genauso hart machen wie Männer, obwohl sie fürs Fühlen angelegt sind, und gerade von ihnen die einfühlsamsten Lösungen ausgehen müßten. Auch diese Frauen tragen eher zu einer Verhärtung und Verbitterung unter Menschen bei, statt aufzuzeigen, wie es anders gehen könnte.

Häufig reagieren Frauen auf Männer mit ihrem Stolz, anstatt auf eine gefühlsmäßige Art Zugang zu den Männern zu suchen. Das verhärtet die Fronten zwischen Frau und Mann und so lernt der Mann nicht, sich gefühlsmäßig einzubringen und zu handeln.

Zusammenfassend kann man sagen, daß die Frau den Mann bisher hat gewähren lassen und seine Mittel des menschlichen Umgangs benutzt, statt ihre Mittel zur Verständigung und Annäherung beizusteuern.

Die Entwicklung der Menschheit kann man mit dem Entwicklungsstadium eines Jugendlichen vergleichen, der viele Fertigkeiten hat, fast alles schon kann, was man zumindest äußerlich können muß, um zu überleben, dem jedoch innerlich noch die Reife fehlt, um sein Leben bewußt zu gestalten.

Dieser Reifeprozeß bei uns Menschen braucht, ebenso wie der eines Jungen, die Hinwendung zum Weiblichen.

Aber auch die Frau braucht die Hinwendung zu ihrer weiblichen Seite und den Mut, sie zu leben.

Wo müssen wir uns als Menschheit hinentwickeln?

Bislang war es eine freiwillige Sache, ob jemand wachsen und sich entwickeln wollte, doch nunmehr haben wir uns in die Situation gebracht, daß wir dazu gezwungen sind. Jetzt ist keine Zeit mehr für Ausreden. Denn wenn wir es nicht schaffen, auch die letzte Gruppe verrückter Bombenleger zur Vernunft zu bringen, dann ist das unser Todesurteil:

denn Bomben werden immer mächtiger und leichter herstellbar. Das heißt, wir selbst müssen die Zeit nutzen, um unser Wachstum voranzutreiben, damit wir unseren Beitrag dazu leisten können, daß sich die gesamte Menschheit weiterentwickelt.

Dazu ist notwendig, daß wir lernen, in jeder Situation das Mitmenschliche in den Vordergrund zu rücken und uns als Brüder und Schwestern wieder erkennen, annehmen und lieben zu lernen. Dafür ist die Grundlage, daß jeder Mensch eine gute Beziehung zu sich selbst hat und einen anderen Menschen so annehmen und lassen kann, wie er ist. Denn das, was man im Kleinen kann, kann man dann auch im Großen.

Daher ist jetzt jeder gefragt, aufzuwachen, um mitzuhelfen, eine neue Welt zu erschaffen.

Eine weitere Notwendigkeit für unser Wachstum stellt die Bevölkerungsexplosion dar: Wenn wir es jetzt nicht schaffen, die damit verbundenen Probleme gemeinsam zu lösen, treiben wir als Menschheit unaufhaltsam in eine Katastrophe.

Wir haben uns als Menschheit auf der Erde so stark ausgebreitet, daß wir ohne Lernen nicht mehr weiterkommen.

Wenn wir diesen Wachstumsprozeß nicht **alle** eingehen und Lösungen für **alle** finden, werden wir globale Mangelsituationen erleben, die es uns sehr viel schwieriger machen werden, unsere Lernschritte zu gehen.

Wir müssen begreifen, daß wir als gesamte Menschheit in einem Boot sitzen. Alles, was passiert, geht uns alle an. Wir können uns nicht länger aus dem Gesamtgeschehen heraushalten.

Die meisten Menschen haben in diesem Punkt ein begrenztes Denken, sie sagen sich: «Hauptsache, bei uns passiert nichts».

Genau das ist unsere Lektion, die wir im Moment zu lernen haben, und dafür braucht es den Mann **und** die Frau.

Denn ihre Domäne ist die Kommunikation, das Mitmenschliche. Sie kann dazu beitragen, daß wir als Menschheit unter anderem lernen, uns im großen Stil auszutauschen und zu verständigen, so daß wir Konflikte so austragen können, daß wir uns dabei verstehen lernen und nicht gewaltsam aufeinander losgehen. Wir müssen lernen, zu teilen und uns gegenseitig die Hilfe und Unterstützung zu geben, damit wir alle auf dieser Erde zu essen haben und ein menschenwürdiges Leben führen können.

Insgesamt brauchen wir kreative, globale Lösungen für den gesamten Erdball: Zum Beispiel, wie wir größere Nahrungsressourcen herbeischaffen können, ohne die Natur zu zerstören, wie wir die noch verbleibenden Lebensräume und die Ressourcen dieser Erde gerecht und sinnvoll aufteilen können, wie wir unseren Energieverbrauch einschränken, wie wir weniger Müll produzieren, wie wir schadstoff-freie Transportmittel einsetzen können usw. Wir müssen ebenso Mittel und Wege finden, damit Kinder nicht mehr wahllos in die Welt gesetzt werden, da uns die Natur die Auslese nicht mehr abnimmt und unsere Erde nur begrenzt bevölkerbar ist: Wenn wir so weitermachen, haben wir uns als Menschheit in zwanzig Jahren verdoppelt – das ist gerade noch einmal möglich, aber mehr nicht. Dafür ist die Erde nicht vorgesehen.

Gleichzeitig ist der Zeitpunkt gekommen, wo wir Menschen lernen müssen, *Verantwortung zu übernehmen* für das, was wir tun, und lernen müssen, uns zu beherrschen, besonders in den Naturwissenschaften. Wir dürfen nicht mehr alles ausprobieren, was wir in der Kernforschung, der Genforschung, in den verschiedenen Bereichen der Chemie und den manipulativen Bewußtseinsmethoden entdeckt haben und entdecken, weil wir sonst uns selbst und unseren Lebensraum zerstören werden.

Bis vor sechzig Jahren war das noch anders, da konnten wir noch alles ausprobieren, da wir uns zwar schaden, uns aber nicht vernichten konnten.

Im übrigen dürfen wir uns nicht weiter zum Mittelpunkt der Welt machen, sondern müssen begreifen lernen, daß der Planet Erde auch der Lebensraum von Tieren und Pflanzen ist, die ebenso wie wir hier sind, um ihren Entwicklungsprozeß zu machen.

Wir müssen lernen, uns mehr in die Natur einzubetten und dürfen uns nicht so verhalten, als wären wir getrennt von der Natur.

Wir brauchen gleichzeitig Lebensformen, die Menschen frei und lebendig lassen, so daß die Freude am Leben und Wachsen von einem Mensch zum anderen überspringen kann.

Es gibt schon viele Ansätze für eine bessere Welt. Die Wurzel des Problems, daß uns das weibliche Prinzip fehlt, haben wir als Menschen noch nicht begriffen. Tiefgreifende Veränderungen können jedoch nur durch die Hinwendung zum weiblichen Prinzip passieren.

Was können und müssen die Frauen tun?

In erster Linie ist es wichtig, daß sich Frauen in der Weise entwickeln, daß sie ihre Minderwertigkeitsgefühle und ihre Abhängigkeit vom Mann abbauen, so daß sie sich als wirkliche Partner neben den Mann stellen können. Dazu bedarf es der Bereitschaft, sich in dieser weiblichen Struktur zu erkennen und darüber hinauszuwachsen. Das verlangt von einer Frau, daß sie das Ziel hat, sich selbst anzuerkennen und unabhängig zu werden.

Dazu ist wichtig, daß die Frau lernt, auf eine weibliche Art Zugang zu dem Mann zu finden, indem sie ihm fühlend begegnet und sich diese Gefühle auch nicht ausreden läßt.

Sie muß den ersten Schritt machen, auf den Mann zugehen und ihre alten Vorwürfe an die Männer, die sie in Tausenden von Jahren gesammelt hat, abbauen und den Männern verzeihen lernen, sonst kann sie nicht mit ihnen zusammenarbeiten.

Genauso wichtig ist es, daß sie ihre weibliche Seite zur Vollendung bringt und gleichzeitig das Männliche in sich zuläßt und beides leben will, um ihr Leben selbständig gestalten zu können. Dann wird sie begreifen, daß ihre Sicht der Welt und ihre Qualitäten genauso wichtig sind, wie die des Mannes. Im Moment ist es sogar so, daß das weibliche Konzept, z. B. die Erhaltung des Lebens, geeigneter ist, um das Überleben der Menschheit zu garantieren.

Diese Entwicklung der Frau ist jetzt möglich geworden, da sie den Mann nicht, wie in früheren Leben, für ihr eigenes Überleben braucht. Sie kann sich selbst ernähren, sogar selber ihre Kinder aufziehen und ist in der Lage, sich ein erfülltes Leben zu erschaffen. *Denn das Frau-Sein ist eine völlig ausreichende, sich selbst genügende Lebenshaltung,* soweit die Frau auch das Männliche in sich entwickelt hat, um sich im Leben durchsetzen und ihrem Sein und Wirken eine Richtung geben zu können.

In den kommenden Jahren hat die Frau viele Aufgaben zu erfüllen, die sie natürlich nur übernehmen kann, wenn sie das nötige Selbstvertrauen und Selbstbewußtsein entwickelt hat, so daß sie sich traut, aus ihrer Außenseiterrolle herauszukommen, um sich ebenbürtig in das gesellschaftliche Geschehen einzubringen und einzumischen. Neben dem Glauben an sich selbst braucht sie die Entschiedenheit, daß durch ihre Hilfe der Zerstörung, die der Mann weltweit anrichtet, ein Ende gesetzt und den Menschen und der Menschlichkeit wieder ein vorrangiger Platz eingeräumt werden soll. Dazu ist es wichtig, daß eine Frau nicht nur ihre Mitmenschlichkeit tagtäglich lebt, sondern auch, daß sie sich bei allem, was sie tut, an ihrem Herzen orientiert und ein liebender Mensch sein will. Denn nur dann wird sie die Kraft haben, sich der Männerwelt zu stellen und sich einzubringen, ohne sich überrollen oder ignorieren zu lassen, und ohne daß sie sich von der Welt der Männer abspaltet oder sogar die Männer ablehnt.

Dazu müssen viele Frauen, die etwas zu sagen haben, öffentlich auftreten und ihre Meinungen kundtun und dafür sorgen, daß sie auch von Männern gehört und ernstgenommen werden.

Außerdem braucht es mehr kräftige und **weibliche** Frauen, die in die Politik gehen und ihren weiblichen Weg vertreten, ohne sich den Männern anzupassen. Sie müssen das Gespräch suchen und nicht den Kampf. Sie müssen immer wieder aufzeigen, daß es um kreative Lösungen für das Allgemeinwohl und **nicht** um leere Machtansprüche oder um Anerkennung von einzelnen Personen geht. Dabei müssen sie die weiblichen Ziele betonen: Die Achtung vor dem Leben, einen besonderen Schutz für Kinder, Kranke und Abhängige, eine kindergerechte Erziehung und Förderung in Kindergärten und Schulen, die Erhaltung der Natur als unseren Lebensraum, die Reinheit der Nahrungsmittel, Heilung der bereits vorhandenen Schäden, eine neue Achtsamkeit für Wasser, Luft und Erde, Schutz der Pflanzen-

und Tierwelt, die Verbreitung von Bewußtsein auf allen Gebieten wie z. B. Körper, Psyche, das menschliche Miteinander usw. = Menschlichkeit vor Profitstreben.

Es ist auch wichtig, daß Frauen weibliche Kandidaten wählen, wo immer das möglich ist; wobei das auch Männer sein können, die ihre Weiblichkeit entwickelt haben.

Eine andere Aufgabe der Frau ist, daß sie bei ihren Partnern oder Freunden so mutig ist, daß sie diese nicht einfach ein Leben leben läßt, was sie, wenn sie genau hinschaut, nicht vertreten kann, z. B. daß sich ihr Partner keinen persönlichen Raum gibt und damit auch nicht ihrer gemeinsamen Beziehung, sondern hauptsächlich an Macht oder an Karriere orientiert ist. Oder daß er sich, oder ihre Freunde für Dinge engagieren, die auf die Menschen oder die Umwelt zerstörerisch wirken, wie das Betreiben von Atomenergie oder das Herstellen, das Vertreiben oder die Anwendung von gefährlichen Chemikalien, daß er die Erde ausbeutet, um noch mehr Rohstoffe zu verkaufen, daß er Dinge produziert, die nicht wirklich gebraucht werden, wie luxuriöse Autos, Dinge aus Plastik, die nicht die Lebensqualität steigern, oder daß ihr Partner Pflanzen, die als Nahrungsmittel dienen, ihrer natürlichen Umgebung beraubt oder sie mit giftigen Chemikalien besprüht.

Auch müssen Frauen den Männern aufzeigen, was in unserer Gesellschaft veränderungsbedürftig ist. Sie müssen ihre Art, mit den Dingen und Menschen umzugehen, und ihre weiblichen Schwerpunkte einbringen. Um einige Beispiele zu nennen:

- Wie wichtig das menschliche Klima bei der Arbeit ist.
- Daß Kinder bei der Arbeit dabeisein dürfen, zumindest an Orten, wo es möglich ist.

- Daß andere Prioritäten in unserer Gesellschaft und bei der Arbeit gesetzt werden, daß zum Beispiel nicht die Leistung, sondern das Menschliche im Vordergrund steht.
- Daß sich auch die Art der Arbeit verändert, daß mehr Kreativität dazukommt und mehr gemeinschaftlich gearbeitet wird, da durch die Zerstückelung der Arbeit das Mitmenschliche leidet und kein Mensch mehr wirkliche Befriedigung dabei erfährt, was viele besonders bei der Fließbandarbeit täglich erleben.
- Daß das Natürliche wieder mehr gesucht wird: die natürliche Nahrung, natürliche Materialien für Möbel und andere Gegenstände.
- Daß Gesundheit und Leben wieder Themen in unserer Gesellschaft werden.

Genauso wichtig ist es für die Frau, Eigenes in die Welt zu setzen, sei es, daß sie eine eigene Firma gründet oder indem sie z. B. ihre eigenen Vorstellungen von Schönheit in der Architektur oder Malerei verwirklicht, daß sie Bücher über ihre eigenen Gedanken oder Theaterstücke schreibt, Kindergärten oder neue Schulen gründet, oder was immer ihr wichtig ist, um dem Ganzen dienlich zu sein und wovon sie sich gleichzeitig ernähren kann.

Die Frauen haben also eine Menge zu tun, um dazu beizutragen, daß die männlichen Gesellschaften in unserem Kulturkreis eine wirkliche Veränderung erfahren, so daß wir als Menschen reifen und das Neben- und Miteinander der weiblichen und männlichen Kraft zulassen können, mit dem Ziel, **daß der Mensch wieder an die erste Stelle in unserem menschlichen Miteinander rücken kann.**

Die Frauen sind aufgrund des momentanen Zustandes in

unserer Entwicklung als Menschheit dazu aufgerufen, ihren Teil dazu beizutragen, daß wir als Menschen weiterhin existieren und den Planeten Erde auch für zukünftige Generationen, unter anderem für unsere Kinder, nicht nur als einen wunderschönen Spielplatz, sondern auch als eine großartige Schule für ihre Weiterentwicklung nutzen können, und daß unser Planet ein Ort voller Lebensfreude und Menschlichkeit wird.

In vielen Punkten, wie z. B. in der Landwirtschaft, brauchen wir eine totale Umkehr. Wir müssen davon wegkommen, unsere Erde, die uns ernährt, weiterhin zu vergiften und lernen, bestmöglich ökologisch zu produzieren.

Es wird sowohl am Mann als auch an der Frau liegen, ob die männlichen Gesellschaften auf unserer Erde eine wirkliche Öffnung für das Weibliche zulassen. Das würde bedeuten, daß wir Menschen uns am Menschlichen orientieren lernen und uns das Wohlbefinden und das Wachstum jedes einzelnen Menschen wieder am Herzen liegt.

Das Ziel könnte dabei sein, daß wir als gesamte Menschheit wieder zusammenwachsen und im regen Austausch voneinander lernen, so daß sich das individuelle und globale Bewußtsein ständig erweitern kann.

Im Moment fehlt jedoch noch die weibliche Energie für die Gestaltung dieser neuen Welt.

Für unsere Heilung als Menschen und unseres Lebensraumes ist es lebensnotwendig, daß wir eine Synthese finden: Die männliche Rationalität und die Technologie zu bewahren und mit weiblichem Geist zu durchwirken, so daß wir weder uns noch der Erde weiter schaden und unsere weiteren Entwicklungen dem Wohle der Natur und dem aller Menschen dienen können.

Es ist also die Synthese aus Mann und Frau, die uns alle weiterbringen wird. Es wird sehr viel am Mann liegen, ob er das zulassen wird.

•

— *Wie fühlst Du Dich, nachdem Du dieses Kapitel gelesen hast?*
— *Wo könnte Dein Beitrag anfangen?*

Zu der Autorin:

Nina Larisch-Haider lebt und arbeitet in Gemeinschaft mit ihrem Mann und Medium Peter Larisch und ihrem Ex-Mann und Körpertherapeuten Christian Haider in ihrem gemeinsamen Zentrum in Unterberg. Mit ihnen leben ihre zwei Kinder, Schüler von Nina und Menschen, die für eine begrenzte Zeit sich auf ihrem Bewußtseinsweg Begleitung suchen.

Nina leitet Seminare im In- und Ausland mit den Themen:

— *Die Kunst, den richtigen Partner zu finden – der Weg zum Seelenpartner*
— *Die Kunst, sich selbst zu lieben*
— *Lebendigsein – der Weg des Herzens*
— *Über sich hinauswachsen*

Sie hält Vortrage zu den Themen:

— *Die Kunst, sich selbst zu lieben*
— *Die Mann-Frau Beziehung im neuen Licht*
— *Die Kunst, den richtigen Partner zu finden – Der Weg zum Seelenpartner*
— *Die Kunst, lebendig zu sein*
— *Das innere Lernen*
— *Egoismus als Wachstumsbremse*
— *Kinder ins Leben führen*

Folgende Bücher sind von ihr erschienen:

Die Reise von Dick nach Schlank

Füreinander bestimmt

Von der Kunst sich selbst zu lieben

Die nächsten Bücher, die von ihr 1995 im Sphinx Verlag erscheinen werden, heißen:

Kind-Sein, Eltern-Sein

Wer sich mit der Arbeit von Nina Larisch-Haider näher befassen oder mit ihr persönlich in Kontakt treten will, erhält nähere Informationen unter folgender Adresse:

Nina Larisch-Haider
Unterberg 83
D-94571 Schaufling (Gemeinde)
Tel.: 0991/5209
oder Tel.: 089/393281
Fax: 0991/382286